应用型本科院校产教融合模式及机制创新研究

林江鹏 著

本书为全国教育科学「十三五」规划2019年度教育部重点课题「应用型本科院校产教融合模式及机制创新研究」（DIA190398）成果

WUHAN UNIVERSITY PRESS
武汉大学出版社

图书在版编目(CIP)数据

应用型本科院校产教融合模式及机制创新研究 / 林江鹏著.
武汉:武汉大学出版社,2024.6(2025.3重印).-- ISBN 978-7-307-
24429-0

Ⅰ.G649.21
中国国家版本馆 CIP 数据核字第 20244QP469 号

责任编辑:唐 伟　　　责任校对:鄢春梅　　　版式设计:马　佳

出版发行:**武汉大学出版社** （430072　武昌　珞珈山）
（电子邮箱:cbs22@whu.edu.cn　网址:www.wdp.com.cn）
印刷:湖北云景数字印刷有限公司
开本:720×1000　1/16　印张:13.5　字数:207 千字　　插页:1
版次:2024 年 6 月第 1 版　　2025 年 3 月第 2 次印刷
ISBN 978-7-307-24429-0　　定价:58.00 元

前　　言

近年来，党和政府高度重视产教融合及其实现途径，然而目前我国应用型本科院校的产教融合在很大程度上还停留在"政府驱动"的层面上，校企双方缺乏合作培养人才的内生动力，其根源在于产教融合的体制机制还没有完全建立起来。这在一定程度上延缓了产教融合的步伐，制约了应用型高素质劳动者和技能人才的供给。在经济结构转型促进高质量发展的背景下，地方本科院校向应用型院校转型的步伐得以加速，加快产教融合模式及体制机制创新研究，对于破解产教融合的政策瓶颈，促进教育链、人才链与产业链、创新链有机衔接，以推进我国人力资源供给侧结构性改革，进而推动产教融合成为转型升级的"助推器"、促进就业的"稳定器"、人才红利的"催化剂"具有较强的理论意义和实践价值。

本项目科学吸收已有理论资源，以适用的理论成果为起点，在充分认识我国应用型本科院校产教融合特殊性、深化产教融合艰巨性和系统总结国内外经验基础上，将我国应用型本科院校产教融合置于贯彻与实施供给侧结构性改革背景下，深入剖析产教融合概念，科学界定应用型本科院校产教融合的内涵，揭示其运行机制，构建产教融合、校企合作协同创新驱动因素与动力机制，系统构造新形势下应用型高校产教融合的理论框架。在实证基础上，考察我国应用型本科院校产教融合取得的成效，分析我国应用型本科院校产教融合模式及机制创新存在的问题及其根源，从模式、路径、制度设计和政策层面提出具有操作性的建议，深化产教融合，推进人力资源供给侧结构性改革。

通过以上主要内容的研究，本项目得出如下主要研究结论。

一是运用结构方程模型和模糊综合评价法对产教融合协同创新驱动因素

进行实证研究，有助于分析我国应用型本科院校产教融合的现状、问题、原因，为寻找我国应用型本科院校产教融合的路径体制机制创新提供方向，并为相关政策建议提供思路。

二是我国应用型本科院校在产教融合、校企合作方面因地制宜地进行人才培养模式创新取得一定成绩，应用型本科院校产教融合还存在一些不尽如人意的问题。主要有：尚未形成完善的校企合作机构设置；企业参与校企合作积极性不高；高校校企合作能力较弱；产教融合的配套政策落实不到位；"双师型"师资队伍建设不完善；学生参与产教融合兴趣不高。

三是我国应用型本科院校产教融合问题的原因，既有主观因素，也有客观因素；既有高校自身的因素，也有政府、行业、企业等社会因素。具体来说，其原因主要有：产教融合相关政策与制度未及时落地生根；应用型本科院校推进产教融合动力不足；企业的重要主体作用还不强；学生对产教融合参与程度低；行业协会"指导作用"发挥失灵。

四是我国应用型本科院校产教融合必须充分借鉴美、日、德等发达国家产教融合、校企合作方面的主要做法，同时也要深入考察我国长三角地区、粤港澳大湾区、京津冀三大协作区域产教融合的现状，了解产教融合、校企合作育人模式类型以及产教融合人才培养的良好政策、市场环境和文化环境，为我国应用型高校推进产教深度融合，主动适应供给侧结构性改革的政策建议提供参考。

五是坚持育人为本、产业为要、平等互利、协同创新等原则，使政府、高校、产业组织形成合力，实现"产业"与"教育"融合，打造需求导向的"产教"联盟共同体。

六是深入推动我国应用型高校产教深度融合模式的路径选择，必须坚持"五位一体"（院校、企业、学生、政府以及行业协会互动）和"四链联动"（教育链、产业链与人才链、创新链的有机衔接），进行体制机制创新。

七是多手段贯彻我国应用型本科院校产教深度融合的政策建议。这些政策建议主要有：转变思维观点、建立产教融合法律法规、加大金融支持、完善财政政策、强化税收政策、优化产业政策、健全土地政策支持力度、构建产教融合政策协调机制。

　　本课题研究的主要特色表现为如下两个方面。一是置产教融合于特定的供给侧结构性改革背景下研究，使本项目具有鲜明的新时代特征。二是在研究方法论上遵循了在实践基础上的由具体到抽象，再由抽象到具体的马克思主义研究方法；在揭示我国应用型高校产教融合的问题与根源时运用了从具体到抽象的研究方法；案例研究以湖北经济学院与中国农业银行共建"农银长江学院"产教融合的实践与探索为个案，则运用了从抽象到具体的研究方法，不仅深化了本项目研究，而且使本研究具有科学性。

　　本课题的主要创新体现为以下两个方面。一是理论创新。本项目结合经济学、教育学、协同创新等理论探寻产教融合的理论基础，深入剖析产教融合的理论内涵，研究产教融合运行机制，丰富和发展了有关产教融合方面的高等教育管理理论体系。二是研究方法创新。在通过实证调研与专家咨询等方法获取有关资料的基础上，运用结构方程模型提取出对产教融合的协同创新绩效有显著影响的驱动因素，并利用提取出的驱动因素构建产教融合评价体系，为深入研究应用型本科院校产教融合协同创新模式提供新的路径与视角。

目 录

1. 绪　　论

1.1　选题依据

1.1.1　国内外研究现状述评

1.1.1.1　国外研究现状

国外许多大学在人才培养方面都有自己独特的模式和实现机制，这些模式和机制各有特点，但都普遍强调了产教融合这一重要原则。例如，斯坦福大学在人才培养方面非常注重实践操作和与产业界的合作。牛津大学则主要通过研究项目、实习机会以及创新和创业教育等形式，保持与企业的密切关系。

就产教融合理论研究而言，主要集中在理论、实证、对策三个方面。

一是理论方面。主要研究了产教融合的内涵与特征。Klingstrom（1986）认为，产教融合的实质就是人才培养模式改革，通过教育与生产的融合发展，为实现社会服务之目标，采用工学结合的形式，进而主体双向渗透，协同发展。[①] Elzkowitz 和 Leydesdroff（1996）借鉴生物学 DNA 三螺旋结构，构建了

---

① Klingstrom A. Cooperation Between Higher Education and Industry［M］. Uppsala University Press，1986.

1

官、产、学三螺旋，建立了高校、企业（产业）与政府之间关系的框架，成为理解产教融合内涵的一把金钥匙。① Whittle 和 Hutchinson（2012）则指出产教融合的本质内涵可以从教育与社会经济发展、职业学校的办学体制和教学模式等几个层次来把握。②

二是实证方面。Seddon 和 Billet（2004）通过大量实证研究发现，一些企业在参与产教融合的过程中积极性不高是因为企业不确定高校学生的专业素质能否达到岗位要求。③ Hue Kyung 等（2016）进行了大量的实证分析，结果显示：影响产教融合有效运行的不仅有高校自身，而且企业和政府的重要性也不能忽视，并认为产教融合存在学校专业课程设置不合理、企业合作意愿不高、国家财政支持力度不够等问题。④ Akomaning（2011）通过学生在加纳的酒店餐饮部门的实习案例发现，教育机构和酒店业之间的薄弱联系给实习生带来了许多困难，分析了校企合作机制不畅问题。⑤

三是对策建议方面。Yager（2011）、Cole（2011）和 Laine（2015）等学者提出，学校应该根据自身的优势专业，创办与专业相应的产业，并依托校

① Leydesdorff L, Etzkowitz H. Emergence of a Triple Helix of University—industry—government Relations [J]. Science and Public Policy, 1996, 23 (5): 279-286.

② Whittle J, Hutchinson J. Mismatches between Industry Practice and Teaching of Model-driven Software Development [C] //Models in Software Engineering: Workshops and Symposia at MODELS 2011, Wellington, New Zealand, October 16-21, 2011, Reports and Revised Selected Papers 14. Springer Berlin Heidelberg, 2012: 40-47.

③ Seddon T, Billett S. Building Community through Social Partnerships around Vocational Education and Training [J]. Education and Training, 2004, 56 (1): 51-68.

④ Hue Kyung L, Hyun Duk Y, Si Jeoung K, et al. Factors Affecting University-industry Cooperation Performance: Study of The Mediating Effects of Government and Enterprise Support [J]. Journal of Science and Technology Policy Management, 2016, 7 (2): 233-254.

⑤ Akomaning E, Voogt J M, Pieters J M. Internship in Vocational Education and Training: Stakeholders' Perceptions of Its Organization [J]. Journal of Vocational Education & Training, 2011, 63 (4): 575-592.

办产业，为教师和学生提供实验基地与实习岗位。①②③ Seppo 等（2014）认为，应该加大国家财政政策支持力度，促进产教融合顺利进行。④

就产教融合的实践模式来说，有代表性的校企合作模式主要有：德国"双元制"、美国"合作教育"、英国"三明治"模式、加拿大"指导部"模式等（Johnsen, et al., 2015）。⑤ 欧美发达国家普遍重视产教融合立法与监督，确保产教融合有效运行。

因此，国外有关产教融合的战略措施与模式构建的研究，特别是运用现代经济管理研究方法对产教融合行为进行的详细数理描述和过程分析，为本研究提供了值得借鉴的重要参考。比如，Plewa 和 Quester（2015）开辟了产教融合的数理经济研究典范，对于大学与产业的相互关系研究，独辟蹊径，将结构方程建模引入其中。⑥

1.1.1.2 国内研究现状

国内"产教融合"于 1995 年首次提出（贺星岳，2015），随着大学毕业生失业率高、学非所用、职场就业力不足等问题的出现，产教融合及其实现途径在国内才逐步成为研究热点。⑦ 特别是近年来，我国贯彻与实施供给侧结构性改革，深化产教融合问题进一步引起了学界的高度关注。概言之，国

---

① Yager J, Silverman J J, Rapaport M H. Adapting to Decreased Industry Support of CME: Lifelong Education in an "Industry-lite" World [J]. Academic Psychiatry, 2011, 35 (2): 101-105.

② Davi R. Cole. Educational Life-Forms [M]. Sense Publishers, 2011: 109-121.

③ Laine K, Leino M, Pulkkinen P. Open Innovation between Higher Education and Industry [J]. Journal of The Knowledge Economy, 2015, 6: 589-610.

④ Seppo M, Rõigas K, Varblane U. Governmental Support Measures for University-industry Cooperation-comparative View in Europe [J]. Journal of The Knowledge Economy, 2014, 5: 388-408.

⑤ Johnsen H, Torjesen S, Ennals R. Higher Education in a Sustainable Society [M]. Springer International Publishing, 2015.

⑥ Plewa C, Quester P. Key Drivers of University-industry Relationships: The Role of Organizational Compatibility and Personal Experience [J]. Journal of Services Marketing, 2007, 21 (5): 370-382.

⑦ 贺星岳. 基于现代职教体系的产教融合、校企一体化研究与实践——以浙江工贸职业技术学院为例 [J]. 职业技术教育, 2015, 36 (21): 61-64.

内有关产教融合问题的研究主要从以下几个角度展开探讨。

一是产教融合的背景分析。有的学者从高校转型的角度来分析。陈裕先、谢禾生、宋乃庆（2015）、李欣怡（2019）等认为，我国产业升级和经济结构调整不断加快，对高素质技术技能人才的需求愈加迫切，客观上要求高校与企业对接，实现教育链和产业链的有机融合。①② 潘黎（2020）以人力资本的视角来审视，地方高校走产教融合之路，可以加强高质量的技能人才的供给，进而实现从"人口优势"到"人才优势"的转化，促进经济社会的发展。甚至有的学者从"双循环"的背景来考察。③ 林江鹏、郭林（2023）认为"双循环"发展格局是我国应对国内外经济形势变化而做出的战略调整，同时也给应用型高校产教融合提供了有利机遇。④

二是产教融合的实现模式。可以说，产教融合的实现模式百花齐放。如周箭、林娟（2016）分析了"产教融合订单式"培养模式，相较于传统的"订单式"培养模式，在该模式下，企业可以根据自己的岗位需求，与学校一起确定人才培养方案和专业课程设置。⑤ 李静、吴桂霞、蒋萍（2023）分析了"双师型"教学团队培养模式，这种模式下，可以引入外来的具有丰富实践经验的人士进入课堂参与教学，使专业人才更好地体验到确切的市场导向化训练，从而提升人才职业素养的层次，同时高校教师积极参与实践活动，将自身丰富的理论知识加以应用，使得人才培养方案能与市场的发展方向更好地契合。⑥

① 陈裕先，谢禾生，宋乃庆．走产教融合之路培养应用型人才 [J]．中国高等教育，2015（Z2）：41-43.

② 李欣怡．地方本科高校转型发展中的产教融合机制研究 [D]．广西师范大学，2019.

③ 潘黎．生态位视阈下地方高校向应用型转变的评价指标体系构建 [J]．中国高等教育，2020（Z1）：69-70.

④ 林江鹏，郭林．"双循环"背景下深化我国产教融合的路径选择 [J]．科技创业月刊，2023，36（1）：171-174.

⑤ 周箭，林娟．"产教融合订单式"人才培养模式探索 [J]．职业技术，2016，15（8）：13-15.

⑥ 李静，吴桂霞，蒋萍，白生宾．导学思政视域下医学研究生"导+学"三维融合育人模式探索与实践 [J]．医学教育管理，2023，9（3）：344-348.

三是产教融合的现实困境。学者从利益机制、动力机制、合作机制、评价机制等方面剖析了产教融合的现实困境。庄西真（2018）认为教育系统是以政府为主导的，而产业系统是以市场为主导的，校企之间利益冲突或利益不相容，从而导致产教融合的效果不理想。① 朱宇亮（2021）基于供需视角分析，认为校企合作联盟中校企双方身份及责任界定不清，以及学校没有找到校企合作对企业的利益出发点，校企合作动力机制欠缺。② 肖纲领、李威、林荣日（2023）认为校企合作评价标准和方案不完善，导致激励机制不力，影响产教融合的内在动力。③ 陈星（2017）认为高等教育系统的"中心-边缘"结构抑制了应用型高校产教融合的资源利用和动力机制的发挥。④

四是产教融合比较研究。刘大卫、周辉（2022）考察了美国的合作教育、德国的"双元制"以及日本"产学官"产教融合的经验，认为产教融合的宏观调控和引导作用对于产教融合有效运行至关重要。⑤ 尹秋玲、杨华（2022）对广西、浙江、湖南三地产教融合和校企合作的实践形式进行了深刻的比较分析，凸显了不同模式下成本和效益方面的特征。这对于制定更为有效的产教融合政策和实践具有一定的指导意义。⑥

五是产教融合评价研究。沈绮云、欧阳河、欧阳育良（2021）采用德尔菲法和层次分析法，设计了一个科学而实用的产教融合目标达成度评价指标体系。该体系包含若干一级指标、二级指标和三级指标。这套评价指标的构建不仅科学合理，而且具有广泛适用性，可用于评估不同产教融合形式在实

① 庄西真. 高质量职业教育是制造业转型升级的关键 [J]. 职教论坛，2018 (2)：1.

② 朱宇亮. 深化职业教育校企合作的探索 [J]. 职业教育（下旬刊），2021, 20 (11)：92-96.

③ 肖纲领，李威，林荣日. 地方本科院校产教融合制度建设困境的审视与纾解——组织社会学新制度主义的视角 [J]. 高教探索，2023 (3)：12-18, 70.

④ 陈星. 应用型高校产教融合动力研究 [D]. 西南大学，2017.

⑤ 刘大卫，周辉. 产教融合：应用型高校双创教育的机制与路径 [J]. 煤炭高等教育，2022, 40 (5)：16-20.

⑥ 尹秋玲，杨华. 职教院校产教融合实践模式的比较分析——以 2020 年桂、浙、湘三地调研为例 [J]. 中国高校科技，2022 (4)：79-83.

现目标方面的表现。这个评价体系的建立为对各种产教融合形态的目标达成度进行评估提供了有效的工具。① 张璋、周新旺、曾播思（2023）基于共生理论和项目管理成熟度模型，从共生单元、共生模式、共生环境三个维度对产教融合成熟度进行了评价与划分。根据对全国 30 所地方高校的调研数据分析，平均产教融合成熟度为 0.5320，处于规模规范级。这表明地方高校在产教融合方面取得了一定的成效，但同时也呈现出区域不均衡的特征。该研究结果提供了对地方高校产教融合实践整体水平洞察的研究范式，为后续相关研究提供了有价值的参考。②

　　六是产教融合的具体对策研究。例如：政府增加经费保障（严建华、包刚、王家平等，2022）③、完善协调监督机制（汪劲松、张炜，2022）④、院校根据目标定位设计课程（孙健、臧志军，2023）⑤、企业深度参与产教融合（姚山季、经姗姗、陆伟东，2023）⑥、建立合理的利益协调机制（童卫丰、张璐、施俊庆，2022）⑦。然而，产教融合的构建及其深化是一项涉及"个人、组织、区域、国家"四维制度体系的复杂系统工程（和震、李玉珠、魏明，2018）⑧，这暗示了本研究的重要性。

　　然而，在国内的产教融合研究成果中，职业教育的比重占据了相对较大

　　① 沈绮云，欧阳河，欧阳育良．产教融合目标达成度评价指标体系构建——基于德尔菲法和层次分析法的研究［J］．高教探索，2021（12）：104-109.
　　② 张璋，周新旺，曾播思．基于共生理论的地方高校产教融合成熟度评价［J］．高等工程教育研究，2023（4）：122-128.
　　③ 严建华，包刚，王家平，韦巍，薄拯．浙江大学高水平产教融合培养卓越工程师的实践与探索［J］．学位与研究生教育，2022（7）：13-18.
　　④ 汪劲松，张炜．面向国家重大需求的高层次专业人才产教融合培养探索与实践［J］．学位与研究生教育，2022（8）：1-5.
　　⑤ 孙健，臧志军．产教融合型企业师傅队伍建设研究［J］．中国职业技术教育，2023（30）：52-57.
　　⑥ 姚山季，经姗姗，陆伟东．科产教融合视角下的创新创业教育改革：举措、成效与保障［J］．中国大学教学，2023（10）：82-89.
　　⑦ 童卫丰，张璐，施俊庆．利益与合力：基于利益相关者理论的产教融合及其实施路径［J］．教育发展研究，2022，42（17）：67-73.
　　⑧ 和震，李玉珠，魏明．职业教育产教融合制度创新［M］．北京：科学出版社，2018.

的部分，而对于应用型本科院校的产教融合研究则显得相对较少，且深入、系统的研究也并不充分，进一步加强和完善相关研究显得尤为重要。因此，本研究将在理论与实证分析的基础上，以供给侧结构性改革为大背景，以促进人才培养为终极目标，以湖北经济学院农银长江学院的案例为研究对象，展开对应用型本科院校产教融合目标模式、路径选择与制度创新的深入研究。

1.1.2 选题价值

近年来，党和政府高度重视产教融合及其实现途径，然而目前我国应用型本科院校的产教融合在很大程度上还停留在"政府驱动"的层面上，校企双方缺乏合作培养人才的内生动力，其根源在于产教融合的体制机制还没有完全建立起来。这在一定程度上延缓了产教融合的步伐，制约了应用型高素质劳动者和技能人才的供给。在经济结构转型促进高质量发展的背景下，地方本科院校向应用型院校转型的步伐得以加速，加快产教融合模式及体制机制创新研究，对于破解产教融合的政策瓶颈，促进教育链、人才链与产业链、创新链有机衔接，以推进我国人力资源供给侧结构性改革，进而推动产教融合成为转型升级的"助推器"、促进就业的"稳定器"、人才红利的"催化剂"具有较强的理论意义和实践价值。其意义和价值具体表现在以下几个方面。

一是加强产教融合的内涵、特征及其运行机制、运作模式、产教融合协同创新驱动因素与动力机制等研究，不仅有助于拓展高等教育研究边界，而且可以丰富和完善高等教育的研究方法。

二是加强产教融合模式及机制创新研究，可以深入探索人才培养模式的现状以及其存在的问题，并提出建设性意见，有助于优化专业结构，提高人才培养质量。

三是加强产教融合模式及机制创新研究，紧密对接产业链、创新链，对于改革既有的人才培养方案，创新实践性教学，优化课程体系，加强教师队伍和教材建设等诸多方面的教育教学改革意义深远。

四是加强产教融合模式及机制创新研究，建立与供给侧结构性改革相适应的特色鲜明专业，清晰办学定位，避免人才培养同质化、与经济社会发展脱节等问题，其成果能够在向应用转型的普通本科高校中发挥示范和引领作用，有利于促进高校分层分类、多元化蓬勃发展。

1.2　研究内容

1.2.1　研究对象

开展科学研究，研究设计必不可少，而研究设计离不开科学合理的研究对象。因此，课题研究对象的设立与界定是否科学合理，将影响到后期的研究资料的搜集、整理、分析，进而影响到研究范围的宽窄及具体内容的多寡，乃至研究人员、研究经费等资源的配置。围绕研究总体问题"应用型本科院校产教融合问题"，选取我国应用型本科院校作为本课题的主要研究对象，以此来设定研究边界，有利于在研究中较好把握研究事物的性质，使得研究方向精准一致。

本课题研究有必要对应用型本科院校加以界定，把握其内涵及特征。所谓的应用型本科院校，是指以应用型为办学定位，以服务地方经济社会发展为导向，以培养应用型本科层次教育为主的本科院校，又名应用型本科高校、应用型本科学校、应用型大学。

从人才培养模式的角度来审视，研究型大学本科院校与应用型本科院校、高职高专都是高等院校，然而各类型高校的定位及培养目标不同。三类高校培养目标对应的人才分别为：学术型人才、应用型人才和技能型人才。三类人才的区别详见表1-1。

表 1-1　　　　　　　学术型人才、应用型人才和技能型人才辨析

人才类型	学术型人才	应用型人才	技能型人才
职能	在特定学科领域内具有深厚学术造诣和研究能力的人才	在实际工作中能够将专业知识应用到对实际问题的解决	在特定领域内具备实际技能和操作能力
知识结构	具备系统的学科知识，能够独立进行科学研究，并在学术界作出有价值的贡献	将知识转化为实际应用，为社会和产业发展提供解决方案	通过培训、实践和经验积累而获得的具体技术技能，能够胜任具体的工作任务
能力结构	独立科研能力、批判性思维、学术沟通能力	实际操作能力、问题解决能力、敏锐的市场意识	较强的专业技能、实际操作能力，较高的安全意识

　　基于上面的分析，本课题的应用型本科院校涵盖的范围包括：中国应用技术大学（学院）联盟单位、各省确立的转型试点高校以及没有成为联盟单位和政府转型试点的自主向应用型高校转型的地方普通本科院校。在此，应该强调的是地方本科院校与公立、私立本科院校是两个不同的概念。我国相当数量的独立学院（有的省高考录取线为二本）即便是私立性质，也应划为地方本科院校，例如南京理工大学紫金学院。故本课题研究对象也应该包括湖北经济学院及共建的"农银长江学院"。因此，为了深化本课题研究，以湖北经济学院与中国农业银行湖北省分行共建"农银长江学院"为个案，进行解剖麻雀式的典型案例分析。

　　一言以蔽之，本项目的研究对象即我国应用型本科院校，研究问题是产教融合。尽管研究对象与研究问题是两个不同的概念，但是只有二者紧密结合，才能构成课题完整的研究内容，使得研究具有必要性与可能性。故在本研究中，如果没有特别说明，产教融合一般指的是应用型本科院校的产教融合。

1.2.2 总体框架

本课题研究的总体框架主要由以下若干环节的研究内容构成。

一是理论借鉴。主要有经济学、教育学等理论基础，具体来说，包括：教育与生产劳动相结合理论、利益相关者理论、人力资本理论以及协同创新理论。

二是产教融合的理论内涵。主要研究产教融合协同育人的概念、产教融合的目标、功能、特征、原则及运行机制。

三是供给侧结构性改革背景下应用型本科院校产教融合协同创新驱动因素与动力机制。首先，从政府、大学、科研机构、企业、市场等方面研究产教融合协同育人的创新驱动因素，根据教育经济学、协同创新与动力机制的基本理论，从产教融合、校企合作协同创新动力机制展开研究，构建应用型本科院校产教融合动力机制模型，并以协同创新绩效为因变量，通过理论推演得出应用型本科院校产教融合协同创新的驱动因素，构建驱动因素概念模型；其次，运用问卷调查方式获得实证数据，使用结构方程模型实证检验概念模型的合理性和适用性，并提取出对协同创新绩效有显著影响的驱动因素；最后，利用提取出的驱动因素，建立应用型本科院校产教融合评价指标体系，并采用模糊综合评价法对调研的应用型本科院校产教融合进行实证评价，为挖掘各高校在产教融合协同创新的过程中存在的问题提供依据，并为提出供给侧结构性改革背景下应用型本科院校产教融合协同育人的对策建议奠定基础。

四是产教融合的国内外经验借鉴。主要考察美、日、德等发达国家高等教育在产教融合、校企合作协同育人培养模式方面进行的体制机制创新，并深入考察我国的长三角地区、粤港澳大湾区、京津冀三大协作区域产教融合的现状，了解产教融合、校企合作育人模式类型以及产教融合人才培养的良好政策、市场环境和文化环境，为我国应用型高校制定产教深度融合，主动适应供给侧结构性改革的政策建议提供参考。

五是我国应用型本科院校产教融合、校企合作协同育人的现状与问题。

首先，从校企合作机构设置、企业参与校企合作的积极性、校企合作中企业参与学生培养环节、"双师型"师资队伍等诸多方面分析我国应用型本科院校产教融合、校企合作协同育人现状与存在的问题，归纳供给侧结构性改革背景下我国应用型本科院校产教深度融合过程中面临的优势、劣势、机遇、挑战。其次，针对我国应用型本科院校产教融合、校企合作协同育人模式特点以及产教深度融合的优劣势，从教育理念、体制机制、政策配套等方面分析我国应用型本科院校产教深度融合、校企合作协同育人过程中存在的问题，总结应用型本科院校产教深度融合、校企合作协同育人的重点方向与相关策略需求。

六是我国应用型高校产教深度融合模式的构建及其路径选择。结合供给侧结构性改革背景下应用型本科院校产教融合、校企合作协同创新特色与区域经济发展以及现代高等教育发展的特点，以我国区域经济和社会重点领域与技术技能人才需求为导向，厘清我国应用型高校产教深度融合、校企协同育人的具体思路，主要包括：完善校企治理结构，保障校企合作的顺利推进；建立校企合作利益共享机制，企业深度参与人才培育全过程；准确定位专业设置，形成真正反映企业需求的课程体系；深化"工学结合、校企合作、顶岗实习"的人才培养模式改革，推进校企对接；积极探索技能型人才的系统培养形式，加强实践教育；推行学做一体化教学模式，转变培养方式；完善教师队伍培养和评聘机制，培养高质量"双师型"教学团队；综合考虑学生需求，提升学生参与产教融合积极性；加强信息化管理，建立第三方人才培养质量评价制度；构建产教融合文化共同体，激发主体活力；加强校企合作协同创新，打造校企相互渗透格局；扩大产教融合对外开放，提升其国际化程度；建立行业协会参与校企合作育人机制，实现多主体合作育人共赢。

七是我国应用型本科院校产教深度融合的政策建议。围绕协同创新驱动发展、供给侧结构性改革的战略要求，我国应用型本科院校产教深度融合，拟从转变思维观点、建立产教融合法律法规、加大金融支持、完善财政政策、强化税收政策、优化产业政策、健全土地政策、构建产教融合政策协调机制等方面提出政策建议。

八是案例研究：湖北经济学院与中国农业银行湖北省分行共建"农银长

江学院"，是产教深度融合的探索与实践。采用个案研究方法，考察湖北经济学院首个省级示范实习实训基地——农银长江学院产教深度融合的实现路径、特色，以及取得的成效与经验，特别是深入研究其产教融合的"六个共建"新机制，即共建长效工作机制、共建人才培养方案、共建学生选拔机制、共建双师教学团队、共建实习实训基地、共建人才评价体系，并分析其存在的问题，以达到进一步丰富与完善课题研究之目的。

1.2.3　重点难点

本项目研究用科学的理论和方法，系统地探索产教融合人才培养存在的问题与原因，研究产教融合人才培养模式机制创新的路径选择与制度创新，为提升产教融合意识、创新产教融合机制，建立结构完善、功能有效的产教融合支撑体系提供理论和实证依据。

本研究拟解决以下重点问题：第一，界定研究视角和研究对象，确定产教融合的理论分析工具及基本范畴；第二，建立理念、利益、资源、制度共同影响应用型高校产教融合动力的分析框架，其中理念是先导，利益是根源，资源是基础，制度是关键；第三，揭示产教融合人才培养模式问题的根源；第四，提出产教融合人才培养模式的综合配套政策。

本研究拟突破的难点问题：第一，如何构建科学的应用型本科院校产教融合协同创新驱动因素与动力机制，包括产教融合评价指标体系及监督机制，并用实证调研结果进行仿真验证，优化动力机制理论模型；第二，如何站在国家制度设计的战略高度，系统提出符合我国国情的应用型本科院校产教融合基本制度体系创新设计及有可操作性的政策建议。

1.2.4　主要目标

本课题力求做到研究背景的精准性、研究内容的全面性、政策设计的合理性和研究方法的科学性。

一是理论创新方面，以调查研究为基准点，运用科研方法力求科学、全面、准确地把握供给侧结构性改革背景下应用型本科院校产教融合协同创新驱动因素与动力机制，为设计深化我国应用型高校产教融合的各项政策措施奠定坚实的理论基础，在理论方面为实现产教融合机制创新提供支持。

二是政策设计方面，期望分析因素的全面完整性、政策措施的整体性和有效性，为深化应用型本科院校产教融合，提供系统的具有针对性和可操作性的政策措施体系。

三是研究方法方面，竭力提升研究方法的先进性和实用性，强调根据研究内容的不同，大胆对各种研究手段进行全面比较，力图在研究方法上推陈出新。

此外，本课题研究在学科建设发展方面，一是利用本课题研究成果，进一步完善湖北经济学院与中国农业银行湖北省分行共建的"农银长江学院"产教融合创新机制，培养与地方经济社会发展相适应的应用型本科人才，并以此促进国家级金融学特色专业建设点建设；二是建立应用型本科院校产教融合案例库、应用型本科院校产教融合评价指标体系及数据库；三是孵化国家社科基金（教育规划类）课题1项。总之，通过本课题的实施，努力打造具有省内领先、国内有一定影响的产教融合高等教育管理研究队伍，培养优秀的中青年研究人才，并利用研究资料及其成果指导本科生、硕士研究生的教学与科研。

1.3　思路方法

1.3.1　基本思路

科学吸收已有理论资源，以适用的理论成果为起点，在充分认识我国应用型本科院校产教融合特殊性、深化产教融合艰巨性和系统总结国内外经验基础上，将我国应用型本科院校产教融合置于贯彻与实施供给侧结构性改革背景下，深入剖析产教融合概念，科学界定应用型本科院校产教融合的内涵，揭示其运行机制，构建产教融合、校企合作协同创新驱动因素与动力机制，系统构造新形势下应用型高校产教融合的理论框架。在实证基础上，考察我国应用型本科院校产教融合取得的成效，分析我国应用型本科院校产教融合模式及机制创新存在的问题及其根源，从模式、路径、制度设计和政策层面提出有可操作性的建议，深化产教融合，推进人力资源供给侧结构性改革。

基本思路可以用以下技术线路勾勒出来，（基于制图美观之需要，必要时省略"应用型本科院校"等限定词），如图 1-1 所示。

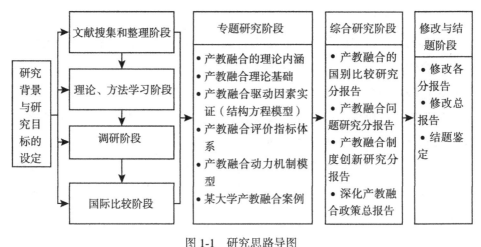

图 1-1　研究思路导图

1.3.2　研究方法

本研究采取的研究方法主要有以下四种。

一是实证调研法。通过调查问卷、调研访谈政府部门管理人员、行业发展协会人员、学校管理人员、教师、学生以及相关企业职工等有关主体，获得产教融合意愿、市场需求、平台、人才培养、政策、制度等影响产教融合的因素，分析应用型本科院校产教融合的特色和问题。

二是数理模型分析法。以调查问卷获取数据为基础，采用结构方程模型实证检验通过理论推演而得出的概念模型，并在此基础上构建产教融合评价体系，为优化应用型本科高校产教融合模式提供思路。

三是比较研究法。探索国外高校产教融合的特色与规律，把成功的经验借鉴到我国产教融合人才培养模式构建之中。

四是案例研究法。选取湖北经济学院与中国农业银行湖北省分行共建"农银长江学院"为个案，探讨以市场为导向，适应高等学校发展特点和经济社会需求的产教融合、校企合作人才培养模式的改革，为应用型本科院校人才培养模式改革提供有益的参考与借鉴，因此深化了本研究的主题。

1.4 创新之处

1.4.1 特色

一是置产教融合于特定的供给侧结构性改革背景下研究，使本项目具有鲜明的新时代特征。二是在研究方法论上遵循了在实践基础上的由具体到抽象、再由抽象到具体的马克思主义研究方法，在揭示我国应用型高校产教融合的问题与根源时运用了由具体到抽象的研究方法，案例研究以湖北经济学院与中国农业银行湖北省分行共建"农银长江学院"产教融合的实践与探索为个案，则运用了抽象到具体的研究方法，案例研究不仅深化了本项目研究，而且使本研究具有科学性。

1.4.2 创新

一是理论创新。本项目结合经济学、教育学、协同创新等理论探寻产教融合的理论基础，深入剖析产教融合的理论内涵，研究产教融合运行机制，丰富和发展了有关产教融合方面的高等教育管理理论体系。二是研究方法创新。在通过实证调研与专家咨询等方法获取有关资料的基础上，运用结构方程模型提取出对产教融合的协同创新绩效有显著影响的驱动因素，并利用提取出的驱动因素构建产教融合评价体系，为深入研究应用型本科院校产教融合协同创新模式提供新的路径与视角。

2. 理 论 借 鉴

　　理论借鉴是该课题研究的基础。本章所包含的理论主要有经济学、教育学等。具体来说，包括：教育与生产劳动相结合理论、利益相关者理论、人力资本理论以及协同创新理论。这些理论无一不渗透于本课题研究内容之中，并为本课题研究提供方法论上的指导。

2.1　教育与生产劳动相结合理论

　　教育与生产劳动相结合是指教育过程和生产劳动过程二者之间"你中有我、我中有你"、相互渗透、相互促进、彼此有机联系构成的复杂系统。事实上，早在欧洲文艺复兴时期的莫尔在《乌托邦》中曾经提出了教育应该和生活、生产劳动相互联系的教育思想。[1] 英国经济学家贝勒斯和英国空想社会主义者欧文等都从某一侧面提出了教育与生产劳动相结合的必要性及其实现途径。伟大的革命导师马克思在其《共产党宣言》《哥达纲领批判》《资本论》等巨著中对教育与生产劳动相结合理论进行了有益的论述。[2][3][4] 马克思在这方面的最大贡献就在于：一方面，分析了教育与生产劳动相结合的生产力属性，即通过劳动专业技能的提升，实现物质财富的积累；另一方面，强调了教育与生产劳动相结合的生产关系属性，即通过教育与生产劳动相结合，

---

① ［英］莫尔．乌托邦［M］．南京：南京大学出版社，2003：134.
② 马克思恩格斯文集（第 1 卷）［M］．北京：人民出版社，2009：112.
③ 资本论［M］．姜晶花，张梅，译．北京：北京出版社，2007：10.
④ 中共中央著作编译局．哥达纲领批判［M］．北京：人民出版社，2018：41.

形成了人与人之间的生产关系，实现人的价值和全面发展。无疑，马克思的教育与生产劳动相结合"二属性理论"，成为我们研究产教融合的理论基石。

我国教育法所规定的教育方针中明确教育必须与生产劳动和社会实践相结合（《中华人民共和国教育法》，1995）。毫无疑问，在诸多教育体系中，劳动教育缺一不可，这也是社会主义核心价值观的本质内涵的具体表现和要求。因此，2018 年 9 月 10 日，在全国教育大会上习近平提出要增强劳动教育以培养德智体美劳全面发展的社会主义建设者和接班人，构建中国特色社会主义教育体系。①

在生产力高度发达的社会，劳动不仅仅是指体力劳动，同时还包括智力劳动，或者是体力与智力混合型的劳动。现代条件下的劳动必须符合法律的规定与道德伦理规范。因此，"生产劳动"是指人们在生产过程中所进行的劳动活动，包括各种形式和阶段的工作，以创造产品或提供服务。

教育与生产劳动相结合的观点强调了将教育与实际工作和生产活动紧密结合的必要性。一是教育与生产劳动相结合是现代大生产教育领域共同提出的迫切需求。教育的目标不仅是传授课本知识，更重要的是培养学生将所学的理论知识应用于实际工作中并解决问题的能力，以及将其转化为精神财富的能力。随着时代的演变，人类的生产劳动的范围和性质也发生了变化。相应的，所需的知识和经验也发生了变化，从而导致教育的性质和目标也发生了改变。现代大生产主要呈现知识和科学的"双向"密集型的趋势，因此，劳动者需要具备更广泛的文化知识、系统的科学基础和全面的技术素养。随着经济社会的发展，劳动力需要不断更新知识和增强技能。因此，教育的一个主要目标就是培养个体的自主创新能力，以适应社会的持续变革和产业的不断升级，教育与生产劳动相结合成为必然。这意味着教育系统需要与产业需求紧密关联，以确保培养出适应现代产业特点的人才。这种紧密结合有助于劳动者更好地适应并推动社会的发展，同时为产业升级提供所需的智力支持。因此，将教育与生产劳动紧密结合被视为适应时代变化、培养具有综合

---

① 新华社．习近平出席全国教育大会并发表重要讲话［EB/OL］. https：//www. gov. cn/xinwen/2018-09/10/content_5320835. htm.

素养的劳动力的必然选择。

二是教育与生产劳动相结合是新时代培养德智体美劳全面发展的人才的有效途径。劳动教育的意义是让受教育者认识到劳动的重要性，提升通过劳动创造价值的积极性。习近平指出："伟大梦想不是等得来喊得来的，而是拼出来干出来的。我们现在所处的，是一个愈进愈难、愈进愈险而又不进则退、非进不可的时候。"① 这为在校学生提出了更严格的要求，新时代的劳动者"不仅要有力量，还要有智慧、有技术，能发明、会创新，以实际行动奏响时代主旋律"。通过劳动教育这一方式，学生不仅能够直接感受到付出劳动的意义和价值，而且能够了解到个人的努力如何促进社会的发展，以此促进学生对正确的人生观和价值观的形成。

三是产教融合是教育与生产劳动相结合理论的重要表现之一。传统教育模式中教育与生产劳动是两个独立的个体，而产教融合正好将教育与生产劳动相结合，在教育中给学生机会参与实践，在实践中发现自己的知识短板。

2.2 利益相关者理论

起初利益相关者是个经济学术语，由弗里曼首创之。在他看来，"利益相关者是能够影响一个组织目标的实现，或者受到一个组织实现其目标过程影响的所有个体和群体"②。利益相关者理论强调企业经营管理者需要在管理活动中考虑各个利益相关者的需求，以实现综合平衡。该理论认为，不同利益相关者对公司的发展都具有关键影响，因此企业的目标是追求整体利益，而不是满足某些特定主体的利益。其核心思想是利益协调与利益共赢，强调利益相依存。

---

① 新华社. 庆祝改革开放 40 周年大会在京隆重举行习近平发表重要讲话 [EB/OL]. https://www.gov.cn/xinwen/2018-12/18/content_5350069.htm.

② [美] R. 爱德华·弗里曼. 战略管理：利益相关者方法 [M]. 王彦华，梁豪，译. 上海：上海译文出版社，2006.

目前，利益相关者理论广泛应用于教育领域，可以利益相关者分为两个部分，一是内部利益相关者，包括学校管理人员、教师、学生（即大学的主体部分）；二是外部利益相关者，包括家长、社区、媒体、用人单位等。利益相关者理论一方面指出了不同利益相关者的角色和地位，反映出利益相关者不同利益需求和相互关系，为分析产教融合各个利益相关主体关系提供了理论框架，另一方面，该理论所提出的共同治理理论为提高教育质量提供了观察思路和理论基础。

企业利益相关者理论为高等教育提供了一种新的嫁接研究方法。但是当前高校利益相关者理论还没有形成一个完整的理论体系。教育利益相关者的研究不能是企业利益相关者理论的简单复制，而应该在理论应用中突出教育与企业的差异性和特殊性。这样才可以形成一个完整且适合我国高等教育的利益相关者理论。第4章实证将继续讨论产教融合的利益相关者理论。

根据利益相关者理论，产教融合是一个涉及众多利益相关者的博弈过程，各类利益主体是否能实现自己的利益和利益的多寡等因素决定了利益主体是否参与产教融合及其深度。因此，深化产教融合必须高度重视这些利益相关者，以承认各类利益相关者的正当权益为首要条件，并充分考虑其利益之外的、更高层次的价值追求。毋庸置疑，产教融合的相关制度建设应该以利益相关者理论为指导，完善相关制度建设，这样才能真正确保各方的权益得到尊重和保护（白逸仙、王华、王珺，2022）①。

2.3 人力资本理论

人力资本的思想最早源于经济学鼻祖亚当·斯密的研究，② 而人力资本概念的首次提出者当属欧文·费雪。③ 与本书密切相关的人力资本理论主要

---

① 白逸仙，王华，王珺. 我国产教融合改革的现状、问题与对策——基于103个典型案例的分析［J］. 中国高教研究，2022（9）.
② Smith A. The Wealth of Nations［1776］［M］. Random House Publishing Group, 2000.
③ Fisher I. The Nature of Capital and Income［M］. Macmillan, 1906.

是现代人力资本理论，其诞生的标志为舒尔茨 1960 年于美国经济学年会阐述的"人力资本理论"，其真正形成的标志是贝克尔的新古典微观经济分析方法的诞生。① 因此，本书的人力资本理论主要阐述舒尔茨和贝克尔的人力资本理论的主要内容及其在产教融合中的作用。

从渊源上来说，人力资本理论是舒尔茨和贝克尔于 20 世纪 60 年代共同提出的，该理论认为物质资本和人力资本是两种不同形态的资本，② 物质资本是指物质产品上的资本，具体来说，表现为设备、原材料、仓库、土地、货币和其他有价证券等看得见、摸得着的"有形形态"；而人力资本则被视为存储在个体身上的一种资源，这种资本不同于实物资本，人力资本是一种"无形形态"的存量概念，体现在个体的能力、技能和健康状态上，是一种通过教育、培训和工作经验等途径积累的无形财富。

人力资本管理是建立在"人"的管理与经济学的"资本投资回报"两种分析范式的基础上，扩展了人力资源管理理论。企业中"人"的管理就是将人视为资本，并进行相应的投资与管理，由于人力资本市场波动和投资收益率变化，因而需要及时调整基于人的管理方法与手段，并与人力资本管理的成本进行比较，以期获得在长期面上的价值回报。

既然人可以通过教育等途径获得人力资本的存量，进而促进经济的发展，那么人力资本的形成的主要形式——教育，就不仅仅是一种消费获得，也是一种投资活动。这里的投资活动是指教育的输入。比如拿出金钱对教育投入，此种教育投资将来是有回报的。这里的消费获得是指通过教育成为高学历的人才。贝克尔认为，整个人力投资中最重要的部分就是教育投资，而学校教育则是人力资本中最大的投资项目。③

人力资本在本意上指劳动者投入企业中的知识、技术等要素，其实质不

---

① Becker G S. Front Matter, Preface [M]. Human Capital: A Theoretical and Empirical Analysis with Special Reference to Education, First Edition. NBER, 1964.

② Schultz T W. Investment in Human Capital [J]. The American Economic Review, 1961, 51 (1): 1-17.

③ Becker G S. Human Capital: A Theoretical and Empirical Analysis, with Special Reference to Education [M]. University of Chicago Press, 2009.

仅暗含着创新，更体现了科学管理方法的创新。其最主要特点是人力资源天然上就属于个人，无可非议，可以交易。而企业，通过企业一般资本纽带，与独特的人力资本相联系，建立特殊的契约关系，一道促进企业的发展。

综上所述，人力资本是现代经济社会发展的不可或缺的核心要素，是将产业链与教育链密切相连的关键。随着经济社会发展，科学技术推动经济社会发展的作用日益凸显，人力资本作为第一资源的作用越来越重要。无疑，我们必须加大人力资本供给侧和需求侧的有效衔接，充分发挥人力资本理论与产教融合的黏合力，以促进产教融合创新发展。

2.4 协同创新理论

早在 20 世纪 60 年代，协同学（Synergetics）理论由赫尔曼·哈肯（Hermann Haken）在研究系统论时提出，简言之，就是 1+1>2 效应。[1] 由此可见，为了共同完成某一特定的目标，不同资源或个体之间的协调配合，其整体功能大于单个独自发挥作用时的功能，这种协调配合就是协同。

协同创新是指各创新主体以整体性、协作性、开放性的姿态，实现创新主体之间的协调配合，以海纳百川的勇气，兼并吸收"人才、资本、信息、技术"等创新资源和要素，实现资源共享、利益激励，以追求整体利益最大化的系统协作的创新行为。

2011 年 4 月，胡锦涛同志在清华大学建校 100 周年的讲话中明确提出了"协同创新"的思想，并指出，要充分发挥产、学、研三大创新主体功能，积极推动协同创新，全面提高高等教育质量。应用型本科作为我国高等教育的组成部分，其人才培养的目标强调与企业相匹配的高技能、应用型创新人才。在应用型本科院校的教育中，主要强调教学活动与生产实践、社会服务、技术开发等紧密相连，从而在协同创新中具备了应用性和实践性的优势，这样

---

① Haken H. Synergetics [J]. Physics Bulletin, 1977, 28 (9)：412.

可以更加直接地服务于企业、社会和地方经济发展的需求。①

2019 年 1 月，习近平总书记主持召开京津冀协同发展座谈会时提出了"加快构建龙头企业牵头、高校院所支撑、各创新主体相互协同的创新联合体"的思想。围绕企业构建创新联合体，能够为企业进行跨界合作、创新生产模式提供新知识，是提升创新能力、实现关键核心技术突破的必然选择。围绕企业建立政府引导、高校院所支撑、各创新主体相互协同的创新联合体，能够通过市场需求引导创新资源有效配置，从观念、体制、机制层面促进产教融合主体协同创新的形成。

协调创新理论自始至终以系统要素的协同为其使命，以创新为其核心动力，进而为系统的变革提供全新的诠释。本书的研究对象应用型本科院校产教融合也是个具有开放性、动态性的复杂系统，且涉及产学研企等创新主体要素的投入及协同，实现 1+1>2 效应。因此，协同创新理论与本书的研究主体，乃至主旨，都有较高的适切性。因此，协同创新理论对于应用型本科院校人才培养模式的构建和路径选择具有较大的启迪，有利于产教融合不深、校企合作不力这一现实问题的解决。无疑，该理论对于应用型本科院校的产教融合、校企合作问题研究具有重要的参考借鉴价值。

---

① 在庆祝清华建校 100 周年大会上的讲话 [EB/OL]. http：//edu. cnr. cn/gcsy/201104/t20110425_507928982_1. html.

3. 产教融合的理论内涵

本章主要探讨产教融合的概念；产教融合、校企合作协同育人的概念。研究产教融合的目标、功能、特征、原则及运行机制。

3.1 产教融合的概念

产教融合的首次提出是在 2014 年 5 月，国务院颁布《关于加快发展现代职业教育的决定》（国办发〔2014〕19 号），其中明确指出要 "加快现代职业教育体系建设，深化产教融合、校企合作，培养数以亿计的劳动者和技术技能人才"。在 2017 年 12 月，国务院办公厅又颁发了《关于深化产教融合的若干意见》，在此文件中针对产教融合的深化问题提出了相关指导建议。我国学者对于产教融合的研究也随着国家政策的支持逐渐增多。在 2014 年之前，每年以 "产教融合" 为主题的文章仅为数篇，自 2014 年之后，文章数量迅速增长，在 2021 年达到最多，一共 3859 篇，并且仍然在持续增长。截至 2023 年 10 月，将 "产教融合" 设为主题的文章已经有 3636 篇。从趋势上来看，近几年来 "产教融合" 仍然是高热话题，学界对该主题的研究仍在继续。具体数据，可以参见图 3-1 中 CNKI 近年来以 "产教融合" 为主题的期刊文章数及其趋势。

国内学者对产教融合概念的认识不一，可谓仁者见仁，智者见智。

产教融合层次，有所谓的 "一观论" "二观论" 和 "三观论" 之说。一是宏观的 "一观论"。赵慧勤、陈晓慧（2018）、吴小林（2022）等学者认

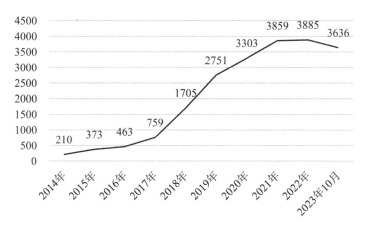

图 3-1　CNKI 近些年以"产教融合"为主题的文章数

为，产教融合主要是宏观的产业与教育的互动，①② 因此，国家的产教融合政策在产教融合运行中至关重要。二是宏观和微观的"二观论"。持此观点的周劲松、温宇（2010）及陈星（2017）等学者认为，一层是产业与教育的互动融合，此为宏观层面；③④ 另一层是生产活动与教育教学活动的对接融合，此为微观层面。三是补充了所谓的中观层，进而演变为宏观、中观和微观的"三观论"。持此观点的学者有宋亚峰、潘海生（2021），他们都在上述的"二观"层次上添加所谓的"有着诸多校企合作模式与产教融合型组织的企业与学校的合作或融合"中观层，即：谓之"三观论"⑤。

　　产教融合的范围，有所谓的广义和狭义之分。孔宝根（2015）、张晶欣（2020）都认为，凡是涉及教育与产业的融合之发展的所有环节，皆可以称广

---

① 赵慧勤，陈晓慧．产教融合理念下应用型本科院校多元协同育人模式研究——以山西大同大学数字媒体技术专业为例［J］．教育理论与实践，2018，38（36）：6-8.
② 吴小林．构建新时代产教融合平台推动教育科技人才全面贯通［J］．中国高等教育，2022（24）：22-23.
③ 周劲松，温宇．区域职业教育产教结合的政策需求与机制创新［J］．职业技术教育，2010（10）：45-48.
④ 陈星．应用型高校产教融合动力研究［D］．西南大学，2017.
⑤ 宋亚峰，潘海生．深化产教融合校企合作推进职业教育高质量发展研讨会会议综述［J］．中国职业技术教育，2021（34）：92-96.

义上的产教融合；而具体到校政企乃至社会组织开展的教育与产业的跨界协同创新，则可以称为狭义上的产教融合。①②

产教融合的内容，有"四要素"和"五要素"之论。秦斌（2014）认为，产教融合主要实现专业与产业对接、学校与企业对接、课程内容与职业标准对接、教学过程与生产过程对接等"四要素"的对接。③ 而高飞、姚志刚（2014）认为，为了实现产教深度融合，必须实现专业设置与产业需求对接、课程内容与职业标准对接、教学过程与生产过程对接、毕业证书与职业资格证书对接、职业教育与终身学习对接等"五要素"的对接。④

产教融合的相关概念之间，有"同论"与"异论"之见。持有"同论"的观点：一是产教融合等同于校企合作。如，刘春生、柴彦辉（2005）都认为，产教融合几乎等同于校企合作。⑤ 二是产教融合等同于产教结合。如，陈星（2017）认为，产教融合与产教结合，乃至产教合作之间，本质上没有区别，三者是等同的，因为三者的内容是一致的。持有"异论"的观点学者众多。如姚奇富（2022）、王向红（2018）认为产教融合不等同于校企合作，他们认为产教融合与产教结合在本质上仍存在着较大的差别。⑥⑦

本研究认为，第一，产教融合其根本就是产业与教育的深度合作。"产"是指产业，其英文为 industry；在经济学中，"产"即产业，通常是指在教育领域以外的国民经济的各部门，泛指一切生产物质产品和提供劳务活动的集

---

① 孔宝根. 企业科技指导员制度：深化职业教育产教融合的新路径 [J]. 教育发展研究, 2015, 35 (3): 59-64.

② 张晶欣. 应用型大学产教融合的创新驱动政策研究 [D]. 武汉理工大学, 2021.

③ 秦斌. 产教深度融合是现代职业教育发展的重要方向 [N]. 广西日报, 2014-08-05 (11).

④ 高飞, 姚志刚. 产教融合的动力与互动机制研究 [J]. 淮南职业技术学院学报, 2014 (6): 41-45.

⑤ 刘春生, 柴彦辉. 德国与日本企业参与职业教育态度的变迁及对我国产教结合的启示 [J]. 比较教育研究, 2005 (7): 73-78.

⑥ 姚奇富. 新职教法背景下深化产教融合制度的路径 [J]. 教育发展研究, 2022, 42 (17): 3.

⑦ 王向红. 立地式研发：高职院校产教深度融合的新途径 [J]. 中国高教研究, 2018 (12): 98-101.

合性组织。"教"是指教育，其英文为 education；"教"是指为满足社会各行各业的用人需求，产业对人才素质提出的专业化要求而产生的独立部门。"融合"，英文为 integration；"融合"不是一个简单的重组，而是指不同形态或特质的事物相互结合、相互吸收，最终形成一个具有创新性的内涵和特征的有机整体。

第二，产教融合是随着教育改革不断深入的产物，是由早期的有关政策文件表述中的"校企合作""产学合作""产教结合""等概念演化而来的，其合作的主体逐渐拓展，合作关系有复杂融合之趋势，如表 3-1 所示。

表 3-1　　　　　　　　　　产教融合概念演化过程

相关概念表达	主题内涵	特　　点
校企合作	企业；学校	具体、狭隘
产学（研）合作	产业、企业；学校、科研机构	相比之前抽象；主体有所拓宽
产教结合	行业、企业；教育（包括教育实施主体、管理主体）	结合比合作密切；合作主体进一步多样化
产教融合	产业、生产、企业；教学、教育	关系更为密切；合为一体，平等和谐，合作范畴不仅是人才培养，还关系到整个产业价值链，二者为利益共同体

第三，产教融合不仅是职业教育的职责之所在，也是高等教育的有益选择。由于与产业密切相关的应用型本科院校天然具有为地方提供科技服务的功能，应用型本科院校走产教融合、校企合作之路，不仅使教育更具实践性，也为产业提供了更有竞争力的人才资源的供给，实现了双方的互惠互利。

3.2 产教融合、校企合作协同育人的概念

"产教融合"从字面意思上理解即产业与教育相互结合，"校企合作"是实现产教融合的方式，即：通过学校与企业之间的合作的方式来实现产教融合。而产教融合实质上是一种特殊的产业融合，它并不会使教育和其他产业融为一体，不会使学校和企业成为一个真正意义上的整体，它们是相互独立的个体，也不会在相互融合的过程中产生任何新的产业，而是两者的相互渗透与相互支持。其中，产教融合是方向，校企合作是途径，两者之间相互作用，彼此构成一个双向发力、双向整合的过程。

"产教融合、校企合作"协同育人是从创新资源和要素的有效汇集的角度出发，充分整合和利用院校、企业及社会的相关资源，通过资源共享、校企深度融合，实现产教融合，达到 1+1>2 的效果，探索创新型人才培养模式改革，促进人才培养与产业结构相适应，服务于国家创新驱动发展战略和供给侧结构性改革等之需要。因此，"产教融合、校企合作"协同育人实质上是一种以市场和社会需求为导向的办学运行机制，实现各主体在人才成长的不同阶段共享自身拥有的资源，并在人才培养通道的良性运转中创造价值和分享利益，以培养出与社会接轨的应用型人才（林江鹏，2018）①。

3.3 产教融合的目标

产教融合的实施主要有四个目标，分别是校企协同育人、多样化和个性化的教育、建立劳动价值观、促进"四链"结合。

---

① 林江鹏，张倩. "产教融合、校企合作"协同创新人才培养模式运行机制研究[J]. 湖北经济学院学报（人文社会科学版），2018，15（9）：142-144，147.

3.3.1 校企协同育人

学校与企业保持着深度合作、协同育人是产教融合最基础的目标。校企深度合作，主要是指应用型本科院校与企业从自身的利益出发，通过资源整合的方式合作，进而共同致力于培养高层次应用型人才。首先，校企协同育人的基本要义就在于确保学校和企业在培养学生方面拥有一致的目标。学校和企业作为两大不同的主体，其需求也是存在差异的。应用型本科院校与企业紧密合作的主要目的在于提升人才培养质量。通过与企业密切合作，学校能够更好地理解实际职业领域的需求，调整课程设置和教学方法，以更有效地培养出更符合市场需求的专业人才。学校在与企业合作之时应该确定共同的目标，那就是培养一批满足经济社会发展高层次应用型的人才。其次，校企协同育人的核心在于有效整合双方的资源。在学校与企业的深度合作中，应用型本科院校与企业具有不同的资源。对于应用型本科院校来说，其在理论专业知识、学生品德和职业道德教育上存在着优势，而企业在实际操作中具有充足的实践经验、优良的设备和技术先进等方面具有优势。

3.3.2 提供多样化和个性化的教育

通过在教育内容、教学场所、教学方法、以及考核与评价标准等方面进行有机融合，学校与企业共同参与教学过程，逐步构建高质量的教育体系。这种全面的融合有助于创造更为优质的教育环境，使学生在毕业后更好地适应职业需求。在多样化发展的基础上不断累积经验，使产教融合的模式能够多元化发展。通过提供多样化的产教融合教育，学校与企业合作可以更好地满足不同学生的学习需求和发展兴趣，为学生创造更加个性化的成长环境。这种自由选择的机会使学生能够根据自身兴趣和目标选择最适合他们的学习路径，从而更好地发挥潜力，实现个性化的成长。

3.3.3 建立劳动价值观

相较于普通教育而言，产教融合能够更好地实现教育与生产劳动相结合的理论，建立正确的劳动价值观。在我国，教育与生产劳动相结合理论还没有深入贯彻到教育之中，因此产教融合的改革与创新，必须将劳动价值观作为目标。校企合作的双主体教育从根本上改变了传统的教育模式，学生不再是纸上谈兵，而是在企业工作场所中学习，在企业文化环境中熏陶，在学习过程中积累实践经验的同时，也可以切实地感受到教育与生产劳动的相结合的重要性，培养劳动价值观。

3.3.4 促进"四链"融合

"四链"融合代表着产教融合政策的最高目标，它涉及教育链、人才链、产业链和创新链之间的有机结合。首先，教育链包括高校人才培养和企业员工培训等，构建了一个全面的、涵盖终身教育的体系。人才链是在教育链的基础上建立的，由教师、学生、企业和职工等各方共同组成，构成一个紧密相连、持续发展的人才流动网络。教育链致力于培养专业人才，同时也为人才链的发展提供坚实支持，而人才链则是教育链最终成果的体现，展现了不同层次和领域的优秀人才。其次，产业链是一个完整的生产、供应和销售体系，以市场需求为导向，以知识创新为纽带，将各参与方有机联系在一起。在2019年10月发布的《国家产教融合建设试点实施方案》中，强调深化产教融合、促进教育链、人才链、产业链和创新链有机衔接，是推动教育优先发展、人才引领发展、产业创新发展以及经济高质量发展相互贯通、相互协同、相互促进的战略性举措。"四链"融合战略的提出将推动产教融合，全面提升教育水平，扩大就业和创业机会，推动经济实现转型升级，培育新的经济增长动力。这一综合性战略将不仅有助于满足市场需求，还将为社会培养更具创新能力的人才，推动各方共同发展。

3.4 产教融合的功能

产教融合的功能主要有以下三个方面，分别是服务功能、教育功能和经济功能。

3.4.1 服务功能

利益相关者理论指出，产教融合需要考虑的不仅是直接受益者，而是所有相关方。产教融合可以利用教学的资源为企业提供企业所需要的人才，或者为企业在岗人员提供继续教育的平台。同时产教融合所培养的技术型人才也是根据国家当前的政策和社会所需要的人才所决定的，这类人才可以对社会经济产生积极作用，让国家政策得以实现。这就间接服务到了社会与国家层面。

3.4.2 教育功能

在产教融合的实际办学中，学校一般都是作为主要规划者，因此，学校的育人需求决定了产教融合的最核心功能为教育功能。产教融合培养的人才质量直接反映了教育体系的水平和效能。应用型本科的人才培养不仅是高层次应用型人才的培养，还是需要建立一批理论与实践皆有的教师团队。产教融合可以解决传统教育模式中的"实践"与"理论"相分离的问题。在培养高层次应用型人才方面，应用型本科应该选择能满足教育需求的企业进行合作，学校要充分利用企业所提供的实训平台，结合理论课程开展实践实训，促进学生学以致用，理论与实践相结合，成为高层次应用型人才。在教师团队的建设上，产教融合有利于解决学校教师缺少实践经验的问题。学校可以定期组织老师到企业内部深入学习，了解行业的最前沿的动态，促进老师专业知识的更新。

3.4.3 经济功能

产教融合的目标之一是实现经济效益。产教融合的模式可以帮助学生降低创业难度，提供相应的设备给学生使用从而降低创业成本。同时，教师和企业专业人员指导帮助学生将明确创业方向，从而提高创业的成功率。这种综合支持和指导有助于确保学生在创业过程中更加顺利和成功。另外，学校与企业可以在技术研发方面加强合作和投入，促进技术成果向生产力的转化。应用型本科院校有着优秀的人才和相应的场地，企业有着先进的设备和充足的资金优势，两者相结合，利用自身的优势必定可以在技术研发方面取得进展。学校还可以利用自身教师的知识为企业提供有偿的咨询服务，如对企业的发展规划、经营管理等方面提供信息咨询服务，这样也可以创造经济效益，实现校企共赢。

3.5 产教融合的特征

产教融合作为一种新型的教育模式，其与传统的教育模式相比有着以下四个方面的特征。

3.5.1 双主体紧密结合

双重主体紧密结合。产教融合的本质就是校企合作。企业和学校是两个不同的主体，通过产教融合将学校与企业两个主体紧密结合一起，因此具有双重主体的特征。在这个合作过程中，学校按照企业和国家对人才的需求进行合适的教学活动和实训课程，突破传统的教学模式，实现校企双赢。

3.5.2 复合型的教师团队

在产教融合的模式下，对于教师的要求也有所提高，要求教师不仅要有着扎实的理论知识，还需要有着较强的运用能力和实践能力。这样的复合型师资是我们当前教育体制所欠缺的，通过校企合作，产教融合，可以加速复合型师资的建设。一支高素质的师资队伍正在不断壮大，为学校未来的可持续发展打下了良好的人才基础，也是学校宝贵的财富。①

3.5.3 直接推动人才培养

产教融合模式可以设计实践导向的课程体系，教学内容更贴近产业需求，使学生在学习过程中获得更多实际经验，更好地适应工作环境；而且产教融合建立了产业界和教育界之间的双向信息流通机制，为培养出企业和社会所需要的实用人才提供建议；产教融合还可以为学生提供更多实习和实训机会，培养实际操作技能，增强就业竞争力。因此，产教融合能直接推动人才培养。

3.5.4 校企文化有效融合

在产教结合的实施过程中，作为企业文化的主体之一的企业管理制度必然会逐渐延伸到实训基地的管理领域，从而推动了企业文化与校园文化的有机融合。企业文化在高校中的渗透，使高校文化的内容更加丰富。通过企业文化的辐射，促进校园文化和企业文化的有机结合，使学校和企业之间形成了良好的互动关系。定期邀请企业管理人员到校园进行演讲，分享企业的精神和文化，为学生提供与企业进行直接对话的机会。这种举措旨在通过亲身经历，让学生更深入地了解企业的核心价值观和文化特色，有助于培养学生

---

① 金向红. 地方应用型高校产教融合型师资队伍培养机制研究 [J]. 江苏大学学报 (社会科学版)，2021，23（1）：118-124.

培养职业素养和适应能力，为顺利完成从学生到企业员工身份的转变提供了重要的无缝对接支持，为学生们从学生到企业员工身份的转变提供了无缝对接的重要保障。

3.6 产教融合的原则

产教融合在其运作中应该遵循校企双方权责对等的原则、校企双方互利共赢的原则、社会适应原则和公益性与经济性兼顾原则。

3.6.1 校企双方权责对等原则

产教融合的实施应该建立在校企双方权责对等的原则基础上。产教融合的良好运作，需要学校和企业两大主体之间相互配合，发挥各自的优势，履行各自的职责。所以，产教融合必须要遵循企业与学校权责对等的原则。

首先，必须明确学校和企业在合作中的权利和责任分配。正确的划分校企的权责可以为产教融合运行提供良好的基础。具体而言，在产教融合中，学校应该负责合理分配教育资源并进行相关建设工作。这涵盖了确保教育过程的高效运作，包括与企业合作共同开发符合实际职业需求的课程，合理安排教学活动以促进实践能力的培养，并制定能够满足产业要求的人才培养计划。通过履行这些责任，学校可以积极参与产业教育的发展，为学生提供更符合职业标准的教育经验，同时满足企业对于人才培养的需求。学校享有产教融合的主导权、管理权、决策权等权利，产教融合的企业应当负责协助学校进行实训活动，借助资金投入，企业可以协助学校更新实验室设备，提升教学质量，以更好地适应行业发展的要求。此外，提供技能培训有助于确保学生能够掌握最新的行业知识和技术。因此，作为参与方的企业在产教融合的有效运行中拥有管理权，享有参与人才培养过程的权利。

其次，严格的过程监管和检查不可或缺。权责对等原则的合理运作的过程中必须有着严格的监管检查。产教融合的上级管理部门、校企主体、利益相关者等，应共同参与监督其运作过程，以确保产教融合的运作合法、规范、科学。这有助于确保企业和学校在权责方面达到平衡。

3.6.2 校企双方互利共赢原则

产教融合的实施应该遵循校企双方互利共赢的原则。产教融合的核心目标在于确保学校和企业之间的互惠关系。共建是实现互利共赢的关键，只有在多元主体共同努力下，互惠原则才能真正得以贯彻。在实践层面，必须秉持基于互惠的共建原则，即多个主体共同投入资源用于构建产教融合实体，并一同参与该实体的运作。各方主体应当根据自身条件和优势，充分利用资源，确保在权责相对等的基础上，满足自身利益的同时，也满足其他参与主体的利益诉求。这种合作方式可以简洁表述为"有钱出钱，有力出力"，旨在在共建的过程中充分发挥各自的优势，实现各方的共同利益。

3.6.3 社会适应性原则

产教融合的社会适应性原则要求制定和推行相关政策时，必须考虑社会的整体变化和需求，以确保产教融合在不同社会背景和发展阶段都能够有效运作。这一原则包括以下几个方面。

一是对社会需求的敏感性。制定产教融合政策时应当充分考虑社会对各类人才的实际需求，特别是对新兴产业和技术的需求。政策应灵活调整，以适应不断变化的社会经济环境。

二是协调各方利益关系。产教融合的实施涉及学校、企业、政府等多个利益主体，社会适应性原则要求平衡和协调各方的利益，确保各方在合作中都能够获益。

三是适应新型生产生活关系。随着科技和社会的发展，生产和生活方式发生变化，社会适应性原则要求产教融合政策能够适应新型的生产和生活关系，确保人才培养与社会实际需求相契合。

四是促进可持续发展。社会适应性原则要求产教融合政策不仅关注当前的需求，还应考虑未来的发展方向，促进可持续发展，使人才培养与社会发展保持长期的协同关系。

通过遵循社会适应性原则，产教融合政策能够更好地适应社会的发展变化，更有效地满足社会对人才的需求，实现教育与产业的良性互动。

3.6.4 公益性与经济性兼顾原则

产教融合的原则要求在公益性和经济性之间找到平衡。首先，必须充分遵循产教融合的公益性原则。教育的公益性主要表现在培养技术技能人才、提升人口素质、改善整体人才结构、促进社会就业等方面。产教融合作为我国新兴的教育模式，其核心目标在于发挥教育的社会职能，使得教育所培养的人才和成果能够为国家带来更多的社会效益。

其次，要适度兼顾产教融合的经济性原则。这意味着在追求公益性的同时，也需要考虑其经济效益，使产教融合在市场经济条件下能够持续运行。为实现这一目标，可以通过建立健全的财政支持体系、激励机制以及合理的资金使用方式来保障其长期发展。

因此，公益性和经济性的平衡是产教融合原则的关键，旨在确保高等教育服务社会的同时也能保证其自身的可持续性和稳健发展。

3.7 产教融合的运行机制

"机制"（mechanism）这个术语是由希腊文衍生而来的。它最初的意思是机械的结构和运作的原则，后来，"机制"这个术语被引入到了经济学的领域。在经济学的范畴中，机制指的是经济机体内不同要素之间相互联系和相互作用的制约关系及其所发挥的功能。由于机制是在经济机体运转中发挥作用的，因此也被称为运行机制。因此，产教融合的运行机制指的是在产教融合中，各个组成要素之间是如何相互联系和相互作用的。这些要素涵盖了多个层面，其中主要包括：战略合作框架、需求导向的课程设计、实习与实践机会、共建实验室与研究中心、双向师资队伍建设、人才共享平台、激励与监督机制等。这些要素共同构成了一个完整的产教融合运行机制，通过协同作用，可以更好地促进产业和教育的有机结合，实现优势互补，推动人才培养和产业发展。

3.7.1　建立产教融合的宏观调控机制

产教融合的宏观调控机制是指政府和相关主管部门在国家层面对产业和教育融合合作进行引导、规划、监管和支持的一系列政策和措施。这一机制旨在促进产业和教育的深度融合，提高教育培训的质量，满足产业发展对高素质人才的需求，推动经济结构升级和创新发展。

宏观调控机制在发挥作用时主要呈现以下几个方面的效果：一是政策引导。国家层面通过相关政策文件和法规，明确支持产教融合的方向、目标和政策措施，为产业和教育合作提供政策支持和引导。二是规划布局。制定产业发展规划和教育培训规划，明确不同行业领域对人才的需求，为产教融合提供宏观规划和布局。三是资源整合。整合相关资源，包括财政、人才、实验室等，以支持产业和教育机构在共建实验室、开展联合科研等方面的合作。四是财政支持。提供财政资金支持，鼓励产业和教育机构在人才培养、科研合作等方面的深度合作，推动共赢发展。五是监管与评估。建立监管机制，确保产教融合的合作符合法规和政策，同时进行效果评估，及时调整政策和措施。

产教融合的宏观调控机制可以按照如下主要思路构建：第一，完善有关产教融合的法律法规。产教融合教学模式仍处在初期阶段，目前缺乏具体的政策引导、缺乏适配的法律法规和缺乏资金链的提供。作为产教融合的宏观调控者，政府应该加强政策法规的完善，并确保提供足够的资金支持。同时还需要明确产教融合中各个利益相关者之间的权责关系，让校企合作、协同育人有着良好的发展前景。第二，产教融合的成功需要长期发展规划的制订。政府作为宏观调控者，在引领产教融合发展方面应制定明确的政策导向和信息导向，确保发展方向和各主体目标清晰可见。产教融合是一个复杂的过程，需要精准的对接。高校在这一过程中需要积极开放，勇于打破传统壁垒，摆脱封闭自循环的模式。高校应积极寻求与产业和社会需求的契合，深度参与企业的生产和研发过程，融入产业技术升级的链条，与行业发展趋势和未来走向密切结合。通过与企业和产业的协同努力，打造一个有机衔接的网络，推动产教融合的顺利实施。第三，平衡并满足各利益相关者之间的关系。因为产教融合牵扯到了很多的职能部门，所以就需要政府采取一些措施手段，通过协调各个部门之间的利益关系，以互惠互利为原则，以效益为引导，来促使各方达成共同的目标，对产教融合的各个主体进行统筹规划，并积极引导产教融合的各个主体，以多种形式进行活动。政府也需要建立积极而有力的激励机制，以鼓励行业企业更深度地参与产教融合。

3.7.2 建立产教融合内部调控机制

产教融合内部调控机制是指在产业和教育机构内部制定和实施的一系列管理和协调手段，旨在促使两者的资源更加有效地结合、互动和合作。通过这些机制，可以更优化地配置资源，提高合作效率，实现产业和教育的良性互动关系。这些内部调控机制的目标是确保产业和教育机构能够更紧密地合作，共同推动人才培养和创新。通过明确的规章制度、协同工作流程以及信息共享制度，产教融合内部调控机制有助于实现资源的有序流动、知识的共享传递，从而实现教育培训与产业需求的更好匹配。这样的机制为构建具有协同效应的合作关系奠定了基础，有助于提升整体教育质量和促进产业发展。

产教融合内部调控机制可以遵循如下主要思路展开：首先，建立学校内部的调控机制至关重要。为了适应地方社会经济和企业发展的动态变化，地方应用型本科院校应采用灵活自主的方式，在专业设置、教材选择、教学方式和实践环节等方面进行综合考虑。

其次，在企业内部，确立有效的调控机制不可或缺。企业需要建立起科学合理的内部需求机制和内部规章制度，以更深入地理解和应用产教融合理念。提供实际的产业需求和应用场景，与高校合作开展研发、技术转化和人才培养。企业可能与高校合作设立联合研究中心、提供实习和就业机会、支持科研项目等，以共同推动产教融合。

最后，评估与监测扮演着重要的角色。定期评估产教融合项目的效果和成效，以及合作的实际情况，为未来决策提供参考。例如，当地政府应当对企业产教融合进行全面评价。这种综合的评估有助于建立更加有效的产教融合机制，促使整个行业更好地适应变革和发展。

3.7.3 完善产教融合的激励机制

产教融合的激励机制是为了激发产业和教育机构参与合作、提高合作效率和质量而采取的一系列激励手段和制度。这些机制有助于促进双方更积极地投入资源和精力，推动合作关系的深化。

产教融合的激励机制可以按照如下主要方法完善：第一，财政激励。提供财政支持、资金奖励或税收优惠，以鼓励产业和教育机构投入到合作项目中，可以降低参与方的合作成本，增加参与方的积极性，推动更多资源投入到产教融合项目中。

第二，就学校和企业兼职员工薪酬的确认而言，允许院校在产教融合项目中选择与优秀企业合作。在所在单位同意的前提下，院校教师和管理人员以及企业经营管理和技术人员，可根据双方达成的合作协议，在企业和学校兼职时确定薪酬，符合有关规定和双方的约定。

第三，学校可以通过为教师提供绩效分成来激励其参与产教融合的积极性。此外，学校还可以设立科技成果转化收益奖励和科技进步成果奖，将相关奖励纳入当年单位绩效工资总量，并根据实际情况进行核增。对于教师在技术开发和产品设计方面取得的具有自主知识产权的成果，可以按照规定允许其在企业进行股权投资。学校通过校企合作、技术服务、社会培训以及自办企业等途径所获得的收益，可以以一定比例纳入绩效工资的组成部分，作为一种激励机制，以增加教师工资的总量。这样的激励机制有助于激发学校教师更积极地投入产教融合工作，为企业和社会培养更多有用的人才。

3.7.4 建立完善的产教融合协同育人创新机制

产教融合协同育人创新机制是指产业、教育和金融等不同领域之间建立合作关系，共同参与人才培养，助力培养创新与实践能力。产教融合协同育人创新机制有助于打破传统教育和产业之间的壁垒，实现资源共享，为学生提供更全面、实用的教育体验，同时为产业提供更具创新力和实践能力的人才。这种机制的成功实施需要各方的积极参与和协同努力，构建起一个有利于人才培养和产业发展的生态系统。

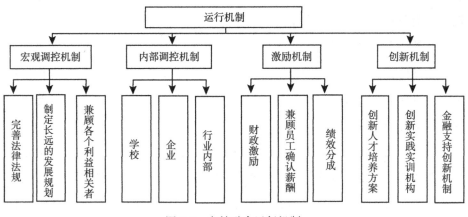

图 3-2　产教融合运行机制

产教融合协同育人创新机制可以按照以下方式进行完善：第一，建立创新人才培养方案机制。产教融合的人才培养需要结合社会需求、学科专业要求等多个层面。在人才培养的方案上需要在现有的基础上进行创新，提升方案设置的合理性与针对性，创造一套更符合当代经济大环境的新方案。

第二，建立创新实践实训机制。应用型本科院校应该把实践实训课程放在首要位置，着重对学生的实践能力与创新能力进行培养。在教师的指导下，激发学生深入思考，培养其创新意识。与此同时，还应当鼓励学生主动创业，安排老师对学生开展创业教育，为学生创造一个良好的创新创业环境。

第三，建立金融支持产教融合创新机制。金融机构充分利用自己的优势，进行产品创新，提高服务质量，一方面可以为学生提供奖学金、助学贷款等支持，促进人才的培养和成长；另一方面，可以给予产教融合企业更多的优惠贷款。

4. 应用型本科院校产教融合协同创新驱动因素的实证研究

本章以武汉地区参与应用型本科院校产教融合协同创新项目的高校和企业为研究样本，构建应用型本科院校产教融合动力机制模型，并运用结构方程模型和模糊综合评价法对产教融合协同创新驱动因素进行实证研究。

4.1 研究问题的提出

在供给侧结构性改革的背景下，深化产教融合协同创新，促进政府、高校、科研机构、企业及市场等方面的有机衔接，是应用型本科高校教育质量提升的重要途径和保障。

迄今为止，国内外研究者在产教融合协同创新的驱动因素、动力机制、评价指标体系等方面有所建树。一是有关产教融合协同创新的驱动因素方面。Serrano 和 Fischer（2007）认为，产教融合协同创新就意味着创新主体间知识、资源、行为、绩效等要素的有机整合；① Johnsen 等（2015）认为，校企政府三因素协同，共同作用于产教融合；② 崔志新、陈耀（2019）以三螺旋模型（Etzkowitz & Leydesdorff, 1997）为分析框架，认为合作平台、合作支持政策、

① Serrano V, Fischer T. Collaborative Innovation in Ubiquitous Systems［J］. Journal of Intelligent Manufacturing, 2007, 18：599-615.

② Johnsen H, TorjesenS, Ennals R. Higher Education in a Sustainable Society［M］. London：Springs International Publishing, 2015.

主体创新程度等影响区域协同创新;①② 蒋兴华、范心雨、汪玲芳等（2021）利用模糊评价方法构建了产教融合协同创新的绩效评价模型，认为实施全过程精细化管理是提高产教融合协同创新建设水平的关键因素。③ 二是有关产教融合动力机制方面。Hellström 和 Jacob（1999）基于协同、共生等理论，认为产教融合的动力来源于共同的目标和利益;④ Barry 和 Fenton（2011）则指出，文化契合度，战略契合度和地理邻近性等要素是产教融合的重要动力源泉;⑤ 贺星岳等（2015）指出，利益分割、政策供给、社会发展需求等客观因素对于产教融合的驱动力有重要的影响;⑥ 张建云（2020）认为，产教融合的不同利益主体动力机制具有差异性。⑦ 三是有关产教融合评价指标体系方面。Kauppila 等（2015）运用 EFQM 模型，构建领导力、合作策略、关键人物、伙伴关系及资源、过程及服务、合作效果等 6 个评价产教融合指标;⑧ Rossi 和 Rosli（2013）运用英国 131 所之多的产教融合大学进行调研数据，实

① 崔志新，陈耀. 区域技术创新协同的影响因素研究——基于京津冀和长三角区域面板数据的实证分析 [J]. 经济与管理，2019，33（3）：1-8.

② Etzkowitz H, Leydesdorff L. Introduction to Special Issue on Science Policy Dimensions of The Triple Helix of University-industry-government Relations [J]. Science and Public Policy, 1997, 24（1）：2-5.

③ 蒋兴华，范心雨，汪玲芳. 伙伴关系、协同意愿对协同创新绩效的影响研究——基于政府支持的调节作用 [J]. 中国科技论坛，2021（2）：9-16.

④ Hellström T, Jacob M. Evaluating and Managing The Performance of University-industry Partnerships: from Central Rule to Dynamic Research Networks [J]. Evaluation, 1999, 5（3）：330-339.

⑤ Fenton M, Barry A. The Efficacy of Entrepreneurship Education: Perspectives of Irish Graduate Entrepreneurs [J]. Industry and Higher Education, 2011, 25（6）：451-460.

⑥ 贺星岳. 现代高职的产教融合范式 [M]. 杭州：浙江大学出版社，2015：78-79.

⑦ 张建云. 职业教育产教融合园：内涵、动力及功能 [J]. 中国高教研究，2020（11）：104-108.

⑧ Kauppila O, Mursula A, Harkonen J, et al. Evaluating University-industry Collaboration: The European Foundation of Quality Management Excellence Model-based Evaluation of University-industry Collaboration [J]. Tertiary Education and Management, 2015, 21：229-244.

证研究结果显示作为产教融合重要成果的知识转移程度由合作项目开发、知识产权、商业活动、社会文化的参与度等几个指标来评价;① 罗筑华（2020）从制度、组织、指标、方法等几个方面构建了评价体系的基本框架;② 唐显超（2021）从产教融合质量评价的视角出发，建立了"制度章程、资源保障、协同育人、服务成效、满意度" 5 个一级评价指标及若干二级指标;③ 沈绮云、欧阳河、欧阳育良（2021）则以产教融合的目标达成度作为产教融合的最终决策目标，设计了"组织保障""校企协同育人"等 6 个一级指标及若干二三级评价指标体系。④

从本书的研究主旨来审视既有的文献，现有的研究还有以下不足之处。首先，相较于以高职高专院校为研究对象进行的众多产教融合文献，应用型本科院校产教融合的研究显得有限。其次，目前的产教融合评价主要聚焦于企业、政府和学校的角度，较少考虑大学生作为产教融合的利益相关者所扮演的主体角色。最后，产教融合评价多按照利益相关者的"投入-产出"传统方法来建立指标评价体系，缺乏遵循产教融合的产生发展逻辑链条及其路径来构建评价指标。因此，本书充分借鉴已有的研究成果，建立理论框架，足够重视产教融合中大学生的责任承担和利益需求，并借鉴企业经营中"项目管理"方法论依据产教融合的流程构建指标体系，采用基于结构方程模型和模糊综合评价法对应用型本科院校产教融合协同创新驱动因素进行全新的研究。

---

① Rossi F, Rosli A. Indicators of University-industry Knowledge Transfer Performance and Their Implications for Universities: Evidence from The UK's HE-BCI Survey [J]. 2013.

② 罗筑华, 刘永. 应用型本科高校产教融合评价体系研究 [J]. 黑龙江教育（高教研究与评估），2020（4）：59-60, 67.

③ 唐显超. 高职院校产教融合质量评价指标构建研究 [D]. 湖北工业大学, 2022.

④ 沈绮云, 欧阳河, 欧阳育良. 产教融合目标达成度评价指标体系构建——基于德尔菲法和层次分析法的研究 [J]. 高教探索, 2021（12）：104-109.

4.2 理论分析与研究假设

4.2.1 产教融合中的利益相关者理论

"利益相关者"最早出现在微观经济学相关论述中。该概念强调所有者的收益应该被纳入企业的目标选择之中，并且企业与每个利益相关者分别缔结契约关系。因而，每个利益相关者都需要被企业关照到。在应用型本科院校产教融合实施中，尽管企业和高校属于不同的利益主体，但是两者的活动都会对产教融合效果产生影响，并受制于产教融合目标实施过程的影响。王名扬等（2020）按照高校是否与其他利益主体相关联及关联程度的大小这一基本判断标准，① 高校的利益相关者呈现出如下几个层次：一是包括师生和管理人员在内的核心层；二是包括毕业的高校校友、提供财政拨款的政府等在内的重要层；三是包括提供高校科研项目经费的企业等单位、给高校贷款的银行等在内的间接层；四是包括当地社区和社会公众的边缘层；贺永平、周鸿（2017）以企业为考察对象，将其利益相关者分为三层次，即：核心层（管理人员、员工及股东）、间接层（供应商、政府、顾客、债权人及分销商）以及边缘层（特殊团体及社区）。②

综上，应用型本科院校产教融合形成了与一般企业不一样的独特利益相关者群体，该群体囊括了从"规划—实施—效益"整个产教融合过程链条之中的所有利益相关者，其中政府、学校以及企业三大利益群体相互关联互相影响，企业导师、学校导师及实训学生作为直接参与者，称为内部利益相关

---

① 王名扬，秦惠民. 利益相关者诉求：高等教育质量内涵的情境化认知——基于对威斯康星大学麦迪逊分校的调查 [J]. 高等教育研究，2020，41（4）：92-102.

② 贺永平，周鸿. 公办大学董事会治理制度建构研究 [J]. 高等教育研究，2017，38（8）：105.

者或直接受益者。

4.2.2 产教融合中的项目管理方法

项目管理方法一般应用于企业经营过程中涉及众多复杂利益相关人群时的经营管理方法。研究表明，应用型本科院校产教融合诸多利益相关者既存在利益一致的一面，也存在矛盾对立的一面，因而他们之间利益纷繁复杂，处于动态更迭的系统之中。宏观视角考察，产教融合牵涉到多维度关系，如：学校、企业、政府与社会公众等存在多重组合关系；微观层面而言，产教融合牵涉到产教融合协同创新实施中的专业与教材建设、双师型队伍建设、实习岗位设置等与产业链密切相关的重要因素。宏观与微观的协同运作，形成了更高层次的、更为复杂的多维利益关系网络。

在本研究中，一方面为了厘清利益相关者之间责任交叉的部分，另一方面为了方便更清楚的了解产教融合开展过程中存在的问题，在此我们不妨把应用型本科院校产教融合看作管理项目，那么应用型本科院校产教融合项目可以分为"规划—组织—实施—效果"等几个逻辑上相互衔接的环节，各利益相关者在逻辑链条上分工明确，权责明晰，共同确保整个产教融合项目的顺利完成。

4.2.3 产教融合中的协同创新驱动因素绩效评价

应用型本科院校产教融合的绩效评价以最后的融合效果作为主要评价依据，但项目管理是一个过程性的管理，因此最终的效果将受到项目每一个阶段绩效完成情况的影响。产教融合作为一个复杂的项目，其各个阶段的完成情况以产教融合项目的利益相关者需求作为目标导向。利益相关者在目标导向驱动下，找准自己的定位，形成明晰的权责利机制，分别为产教融合项目利益最大化作出各自应有的贡献。

因此，产教融合中的协同创新驱动因素绩效评价，应充分认识各利益相关者的目标驱动机制，并对在项目中的核心供给、利益诉求以及完成责任所付出的行为进行拆解分析，进而提取出产教融合协同创新的可能驱动因素，构建驱动因素的概念模型。最后在提取出的驱动因素的基础上，按照上述的产教融合项目 4 个阶段，构建对最终绩效有显著影响因素的通用型绩效评价指标体系。

4.2.4　产教融合中的利益相关者动力机制

社会运行机制是各个组合要素相互联系，共同协作的有机系统，其中动力机制是社会运行机制的内核，能推动事物各个组分充分协作，进而达到运行最优、效果最佳之目的。应用型本科院校产教融合项目的实施，政府、学校和企业功不可没，各自的利益诉求构成了其动力源一级机制，这些内在的动力源，在外在的环境作用下，进而形成引力、压力、推力等二级机制，通过彼此间的相互影响、相互协同，最终形成耦合力，推动产教融合机制的顺利运行。

本研究在理论分析基础上，采用问卷调研形式获取武汉地区高校及企业样本数据，梳理出核心利益相关者供给与需求链如图 4-1 所示，并在此基础上构建应用型本科高校产教融合动力机制模型如图 4-2 所示。

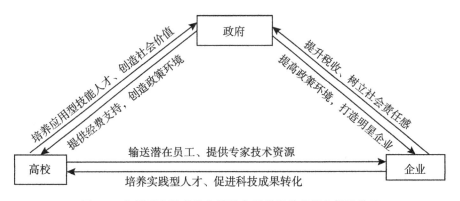

图 4-1　应用型本科高校产教融合利益相关者核心供需关系

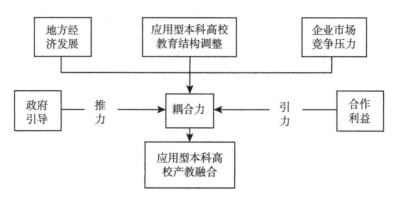

图 4-2　应用型本科高校产教融合动力机制模型

4.2.5　产教融合中的协同创新驱动因素研究假设

根据上述对应用型本科院校产教融合各利益相关者的梳理、项目管理过程的拆解及核心要素的分析，结合调研问卷所收集数据，特对协同创新绩效的影响驱动因素提出以下假设。

1. 产教融合规划方面

假设 1：有效的制度建设正向作用于应用型本科院校产教融合协同创新绩效。

假设 2：适度的经济投入正向作用于应用型本科院校产教融合协同创新绩效。

2. 产教融合组织方面

假设 3：对口的专业课程建设正向作用于应用型本科院校产教融合协同创新绩效。

假设 4：实践的师资队伍建设正向作用于应用型本科院校产教融合协同创新绩效。

假设 5：专业的实训基地建设正向作用于应用型本科院校产教融合协同创新绩效。

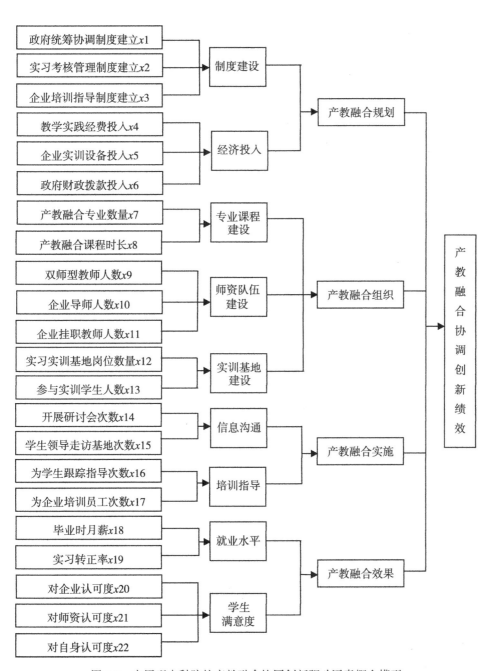

图 4-3 应用型本科院校产教融合协同创新驱动因素概念模型

3. 产教融合实施方面

假设 6：通畅的信息沟通正向作用于应用型本科院校产教融合协同创新绩效。

假设 7：扎实的培训指导正向作用于应用型本科院校产教融合协同创新绩效。

3. 产教融合效果方面

假设 8：良好的就业水平正向作用于应用型本科院校产教融合协同创新绩效。

假设 9：较高的学生满意度正向作用于应用型本科院校产教融合协同创新绩效。

根据上述假设，产教融合协同创新驱动因素对创新绩效影响的概念模型如图 4-3 所示。直接变量为：产教融合规划、产教融合组织、产教融合实施、产教融合效果；潜在变量为：制度建设、经济投入、专业课程建设、师资队伍建设、实训基地建设、信息沟通、培训指导、就业水平、学生满意度，分别对应研究假设；$x1$ 至 $x22$ 为潜在变量衍生出的可能影响因素指标。

4.3　实证分析

4.3.1　数据来源

本研究以武汉地区参与应用型本科院校产教融合协同创新项目的高校和企业为研究样本，采用问卷调研的形式获取研究所需的相关数据，共收回有效问卷 413 份。问卷采用李克特 5 级量表，1 表示"非常不符合"，5 表示"非常符合"。

所获取的样本数据涵盖了相关政府机构、普通本科院校、"985 工程""211 工程"院校、国有企业、私营企业、上市企业及非上市企业等各类利益相关主体，样本量和数据饱和度基本符合研究之所需。

4.3.2 信度与效度检验

量表的信度分析，选用 Cronbach α 系数对量表进行内部一致性检验，结果显示各变量的 Cronbach α 值均>0.7；量表的效度分析，使用各变量的 AVE 值来评估，经计算量表中各变量的 AVE 值均在参考值 0.5 以上，因而整体表现出较高的效度（见表4-1）。

表 4-1 　　　　　　　　　信度效度检验结果

变量	Cronbach α 值	AVE 值
制度建设	0.812	0.622
经济投入	0.823	0.647
专业建设	0.758	0.589
课程建设	0.834	0.677
师资队伍建设	0.804	0.592
实训基地建设	0.799	0.604
信息沟通	0.721	0.611
培训指导	0.854	0.721
就业水平	0.913	0.733
学生满意度	0.735	0.624
产教融合规划	0.864	0.689
产教融合组织	0.857	0.676
产教融合实施	0.831	0.649
产教融合效果	0.886	0.667

4.3.3 结构方程模型检验

本研究使用 SPSS26.0 软件对驱动影响因素的关系模型进行剖析，以检验不同驱动影响因素的影响大小。在模型拟合过程中，综合考虑模型修正指数和路径 t 值的大小，最终得到应用型本科高校产教融合协同创新驱动因素关系模型的标准化路径图，如图 4-4 所示。

从拟合指数的计算结果来看，x_2 / df 的值 = 3.89，小于上限参考值 5；CFI、NFI、IFI 参数的值均>0.9，GFI、AGFI 的值均接近 0.9，RMSEA 值<0.1 的上限参考值，所有指标符合规定，建模成功。

由表 4-2 可知，模型中影响 9 个潜在变量和 4 个直接变量的路径系数对应的 t 值大部分大于 1.98 的拟合要求，表明各路径系数在 $P = 0.05$ 的显著性水平上具有统计学意义，能够为进一步分析提供依据。

4.3.4 绩效评价指标体系及权重构建

从结构方程模型对 9 个假设的检验结果来看，4 个直接变量对应用型本科高校产教融合协同创新绩效均有显著影响，9 个潜在变量除信息沟通变量外，均对最终绩效有显著影响。

依据运筹学的层次分析法，将应用型本科高校产教融合协同创新绩效评价指标的同一级指标分别按照目标、策略和方法分为最高层、中间层和最底层，构建判断矩阵，根据专家评分法对各级指标按照重要性进行两两比较，并采用规范列平均法来计算判断矩阵的权重，从而对各级指标进行优先级排序，最终利用公式 CI = $(\lambda_{max} - n) / (n-1)$，CR = CI/RI 进行一致性检验。

为确定各指标的权重，共邀请 30 位应用型本科高校负责产教融合的资深教师、合作企业代表以及实训学生作为专家对各指标的重要性进行评判，计算得到各指标的权重，将各专家的指标权重值的算数平均值作为最终的确定权重。

以专家 A 的评判为例，给出一级指标的判断矩阵，其中 λ_{max} = 5.43，CI = 0.08，CR = 0.07<0.1，该判断矩阵的一致性检验显著，该专家认为产教融合的组织最为重要，权重达到 43%。运用相同的方法求得 30 位专家对一级指标、二级指标、三级指标的判断矩阵及权重，得到应用型本科高校产教融合协同创新绩效评价指标体系的所有权重，如表 4-3 所示。

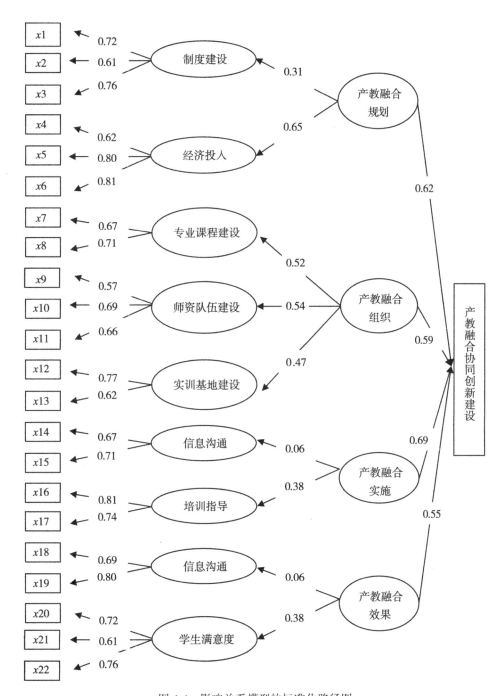

图 4-4 影响关系模型的标准化路径图

表4-2   影响关系模型的标准化路径系数及 t 值

作用路径	标准化路径系数	t 值
制度建设→产教融合规划	0.31	2.77**
经济投入→产教融合规划	0.65	5.47***
专业课程建设→产教融合组织	0.52	5.22***
师资队伍建设→产教融合组织	0.54	6.47***
实训基地建设→产教融合组织	0.47	4.89***
信息沟通→产教融合实施	0.06	--
培训指导→产教融合实施	0.38	2.77**
就业水平→产教融合效果	0.41	3.41**
学生满意度→产教融合效果	0.44	3.20**
产教融合规划→产教融合协同创新绩效	0.62	6.76***
产教融合组织→产教融合协同创新绩效	0.59	7.71***
产教融合实施→产教融合协同创新绩效	0.69	5.32***
产教融合效果→产教融合协同创新绩效	0.55	6.68***

注：*** 表示 $P<0.001$；** 表示 $P<0.05$；--表示不显著

表4-3   产教融合绩效评价指标体系及权重

一级指标	二级指标	三级指标
产教融合规划 （0.14）	制度建设 （0.41）	政府统筹协调制度建立（0.11）
		实习考核管理制度建立（0.32）
		企业培训指导制度建立（0.57）
	经济投入 （0.59）	教学实践经费投入（0.26）
		企业实训设备投入（0.61）
		政府财政拨款投入（0.13）

续表

一 级 指 标	二 级 指 标	三 级 指 标
产教融合组织 (0.47)	专业课程建设 (0.27)	产教融合专业数量 (0.44)
		产教融合课程时长 (0.56)
	师资队伍建设 (0.38)	双师型教师人数 (0.37)
		企业导师人数 (0.44)
		企业挂职教师人数 (0.19)
	实训基地建设 (0.35)	实习实训基地岗位数量 (0.36)
		参与实训学生人数 (0.64)
产教融合实施 (0.21)	培训指导 (1.00)	为学生跟踪指导次数 (0.61)
		为企业培训员工次数 (0.39)
产教融合效果 (0.18)	就业水平 (0.72)	毕业时月薪 (0.44)
		实习转正率 (0.56)
	学生满意度 (0.28)	对企业认可度 (0.24)
		对师资认可度 (0.32)
		对自身认可度 (0.44)

4.4 案例分析

利用产教融合绩效评价指标体系及权重等有关研究，A 学院（出于隐私需要，特用 A 学院来替代该高校的真实校名）2019—2021 年产教融合绩效评价，拟运用模糊综合评价法，并计算得出综合评价指数。在此基础上，从产教融合项目利益相关者角度出发，提出了相应的对策和建议。

4.4.1 数据收集

案例分析的数据来源于对 A 学院 30 位教学管理人员及学生的访谈结果以

及相关统计资料。其中，教学管理人员包括学院领导、产教融合教师、农业银行专家等；统计资料包括人才培养方案、本科教学质量报告、毕业生社会需求与培养质量跟踪评价、毕业生满意度评价等。

4.4.2 综合评价方法

模糊综合评价法能够公平公正说明研究对象的不同表现，核心在于两个计算的重要环节：原始数据的标准化处理与各指标的加权处理。最终评价模型如下公式所示，其中 R 表示绩效评价综合指数，w_i 表示第 i 个指标的权重，S_i 表示对第 i 个指标进行标准化处理后的指数。

$$R = \sum_{i=1}^{m} w_i \times S_i$$

4.4.3 三级综合指数评价

本研究首先对产教融合规划的 3 级指标进行评价计算，进行标准化处理后得到如表 4-4 所示制度建设相关指标数据。

表 4-4　　　　　　　　制度建设 3 级指标标准化处理结果

	2018 年	2019 年	2020 年
政府统筹协同制度建立	0	0.63	0.37
实习考核管理制度建立	1	0.25	1
企业培训指导制度建立	0.60	0.47	0.29

由表 3 可知制度建设的权重向量 w_{11} =（0.11，0.32，0.57），经济投入的权重向量 w_{12} =（0.26，0.61，0.13），分别计算得到制度建设和经济投入的综合评价值。

$$\boldsymbol{R}_{11} = w_{11} * \boldsymbol{S}_{11}$$

$$= (0.11,\ 0.32,\ 0.57) \begin{pmatrix} 0 & 0.63 & 0.37 \\ 1 & 0.25 & 1 \\ 0.60 & 0.47 & 0.29 \end{pmatrix} = (0.66,\ 0.42,\ 0.52)$$

$$R_{12} = w_{12} * S_{12}$$

$$= (0.26,\ 0.61,\ 0.13) \begin{pmatrix} 0.46 & 0.38 & 0.52 \\ 0.61 & 0.59 & 0.57 \\ 0.17 & 0 & 0.23 \end{pmatrix} = (0.51,\ 0.46,\ 0.51)$$

4.4.4 二级综合指数评价

基于矩阵 R_{11}，R_{12} 确定模糊综合评价的关系矩阵 S_1，由表 4-3 确定的产教融合规划的权重向量 $w_1 = (0.41,\ 0.59)$，得出综合评价值如下。

$$R_1 = w_1 * S_1$$

$$= (0.41,\ 0.59) \begin{pmatrix} 0.66 & 0.42 & 0.52 \\ 0.51 & 0.46 & 0.51 \end{pmatrix} = (0.57,\ 0.44,\ 0.51)$$

同理，对产教融合组织、产教融合实施、产教融合效果三者分别进行综合指数评价，得到结果如表 4-5 所示。

表 4-5 产教融合各指数评价结果

	2018 年	2019 年	2020 年
R_1 产教融合规划	0.57	0.44	0.51
R_{11} 制度建立	0.66	0.42	0.52
R_{12} 经济投入	0.51	0.46	0.51
R_2 产教融合组织	0.43	0.52	0.53
R_{21} 专业课程建设	0.55	0.41	0.42
R_{22} 师资队伍建设	0.62	0.57	0.53
R_{23} 实训基地建设	0.41	0.46	0.57
R_3 产教融合实施	0.46	0.45	0.40

	2018 年	2019 年	2020 年
R_{31} 培训指导	0.44	0.42	0.39
R_4 产教融合效果	0.37	0.42	0.44
R_{41} 就业水平	0.47	0.52	0.53
R_{42} 学生满意度	0.41	0.44	0.42

4.4.5 一级综合指数评价

构建得到综合评价关系矩阵 $S = (R_1, R_2, R_3, R_4)$，权重向量由表 4-3 中的一级指标权重可知 $w = (0.14, 0.47, 0.21, 0.18)$，计算得到综合评价指数：

$$R = w * S = (0.43, 0.48, 0.49)$$

4.4.6 结果分析及讨论

观察综合评价指数 $R = (0.43, 0.48, 0.49)$ 得到，A 学院 2019—2021 年的产教融合绩效综合评分稳步提升，但提升速度有所放缓。

从一级指标的综合评分来看，由表 4-5 可知，除产教融合规划的综合评价指标有所波动外，其他 3 个 1 级指标的综合评分均保持增长趋势。

从二级指标的综合评分来看，由表 4-5 可知，在专业课程建设、师资队伍建设以及培训指导方面，综合评价指数呈略微下降趋势；在制度建立、经济投入、学生满意度方面，综合评价指数波动比较明显；在实训基地建设以及就业水平方面，综合评价指数呈现上升趋势。

根据上述研究结果，政府、学院、企业三方尚需在如下几方面加以改进，以促进产教融合的有效运行。从政府层面而言，一方面以 A 学院为试点，积极推广该模式下的应用型本科高校产教融合，为双方提供更多的平台性资源；

另一方面适当加大相关经济投入或提供税收优惠政策，减轻 A 学院和合作企业在经济层面的压力。从 A 学院层面而言，一方面仍然需要在供给侧结构性改革的背景下积极寻求与合作企业的多元化合作，在专业课程以及教学队伍建设方面，紧跟实践型社会人才的能力模型需求，不断完善迭代；另一方面需要加强学生的实操课程，提升现场观摩现场教学的比重。从合作企业层面而言，一方面需要主动参与到 A 学院的人才培育模式的再次校正，共同探讨课程建设，将企业参与实践的经典案例添加到教材的编撰中，由校企合作导师共同协作承担教学任务；另一方面需要积极担当学生的岗前培训工作，加速学生融入合作企业实际业务的过程。

5. 产教融合的国内外经验借鉴

近年来,我国"产教融合、校企合作"人才培养模式虽然在不断地推进,但还存在很多问题,影响了产教融合的顺利进行。相比之下,美国、日本、德国的"产教融合、校企合作"人才培养模式则发展得比较成熟和完善。因此,本章主要考察美国、日本、德国等发达国家高等教育在产教融合、校企合作协同育人培养模式方面进行的体制机制创新,并深入考察我国的长三角区、粤港澳大湾区、京津冀三大协作区域产教融合的现状,了解产教融合、校企合作育人模式类型及其经验,为我国应用型本科高校制定产教深度融合,主动适应供给侧结构性改革的政策建议提供参考。

5.1 美日德产教融合人才培养模式的现实考察

5.1.1 美国产教融合人才培养模式考察

美国的"产教融合、校企合作"人才培养模式在形式上比较多样化,比较著名的有产学交替模式、创业孵化器模式、产学研相结合模式。20世纪初,随着美国经济与科学的发展,为了满足技术革新和经济转型的需要,美国企业对高端技术技能型人才以及优秀的产品市场研究人员的需求日益增加,社会对人才培养的要求逐渐增强。针对社会现状,美国政府制定了一系列法律和政策,大力推动学校与企业之间的合作。

随着"产教融合、校企合作"人才培养模式的不断推进,美国形成了以生产、学习和研发为核心的产学研相结合的教育模式。仁斯里尔理工学院采用了"创业孵化器"的模式,以鼓励学生自主创业为主。该模式下,企业与学校为学生们提供创业所需的充分物质条件,让大学生们可以充分发挥自己的才思,创造新奇的创业思路。同时,学生可以将自己的新思路提供给与学校合作的企业,为企业发展不断注入新的活力,最后形成双赢的局面(杨蕾、王诗宇、赵雪莹等,2017)。①

美国以各地区的需求为出发点所形成的以创新精神为核心的"产教融合、校企合作"人才培养模式,为美国科学技术的发展以及产品的不断升级提供了良好的基础(赵晏鹤,2017)。② 与此同时,这种人才培养模式也使学生和工人的素质整体大幅提升,可以更好地满足企业发展的需要,间接遏制了美国失业率的上升,为美国走出经济危机、恢复经济发展作出了巨大贡献(王斌,2012)。③

5.1.2 日本产教融合人才培养模式考察

在第二次世界大战结束之后,随着日本经济的发展,"产学官"办学模式逐渐兴起。由于政府的倡导和扶持,该模式也发展成型。在 1985 年通产省提出"产学协作教育制度"时,"产学官"教育模式正式作为促进产业合理化的重要手段之一纳入了政府工作中。日本政府又在 1981 年成立了产学官三位一体的科研企业合作体制。1983 年,为推动高校与企业的合作,又在文部省设立了研究协作室。1995 年日本政府在泡沫经济破灭、经济转型后颁布了《科学技术基本法》,同时确定了"技术创新立国"的策略。通过制定一系列的法律法规和政策,在政府的推动与主导下,日本实现了企业与高校深入合作,"产学官"模式也更加稳定成型,政府的相关制度也在实践的过程中日益

---

① 杨蕾,王诗宇,赵雪莹,景金芝. 美国创新创业型人才培养:趋势、亮点、典型模式及经验借鉴 [J]. 河北农业大学学报(农林教育版),2017,19(1):5-9.

② 赵晏鹤. 美国创新创业教育校企合作模式述评 [J]. 职教通讯,2017(22):46-49.

③ 王斌. 美国校企合作模式研究综述 [J]. 东方企业文化,2012(12):181.

完善。

"产学官"模式的参与者主要是政府、高校和企业。政府调控研发资源，制定相关政策，提供好的合作环境并为高校和企业降低研究风险；大学转让研究成果给企业，使成果快速产业化；企业则需要更好地吸纳新的技术和创意。三者紧密结合，共同推进产业与教育的融合（苏雁、许学建，2015）。① 在日本经历了战争和泡沫经济两次打击之后，"产学官"模式的运用，使高校为社会提供了大量的优秀人才，更多日本企业开始做大做强并走向国际化（郭志燊、韩凤芹，2016）。②

除了"产学官"模式的校企合作以外，企业教育也是日本产学合作的一大特色。企业教育分为两种：一种是企业实习模式，另一种是企业内教育模式（鲁燕、于素秋，2008）。③ 企业实习模式以解决问题和增强学生的工作体验为目的，通过组织学生去企业进行为期两周的短期实习或进行为期三个月的长期实习，使学生对实际工作过程有更深的认识，同时也帮助学生更深入地理解理论知识。实行这种教育模式的有京都产业大学、大阪大学等学校，其具体实施措施在各学校存在各自的差异（孔令建，2017）。④

"产学官"模式和企业内教育这两种"产教融合、校企合作"模式也使得日本工人的整体素质有了大幅度提高，增强了工作者的专业胜任能力，同时也提高了在校学生们适应社会需求的能力。与此同时，工作人员素质的提高和科学技术在生产中的运用也使得日本的产品质量得到了提高。"产学官"模式和企业内教育很好地使校内研究成果与企业生产需要相融合，有效地促进了日本产业结构的优化，引导了日本经济的转型。在这两种人才培养模式的影响下，日本经济的成功转型也推动了日本经济水平和教育水平的进一步

---

① 苏雁，许学建. 职教"校企双元制"如何实现本土化——江苏省苏州健雄职业技术学院的实践探索［J］. 职业技术，2015（3）：20-21.

② 郭志燊，韩凤芹. 日本职业教育的发展及启示［J］. 经济研究参考，2016（61）：27-36.

③ 鲁燕，于素秋. 日本职业教育的"企业模式"与我"非大学教育"的对比研究［J］. 人口学刊，2008（6）：43-48.

④ 孔令建. 日本校企合作中人才培育模式研究综述［J］. 无锡职业技术学院学报，2017，16（3）：4-6，11.

提高（田雅志，2016）。①

5.1.3 德国产教融合人才培养模式考察

德国的产教融合模式以"双元制"为主，该模式源于 20 世纪中期的职业教育。当时，企业规模的扩大，使得企业对专业技术人才需求增加，因此，公司会将员工送到学校学习，这样一来，企业与学校的联系加深了，"双元制"教育模式也由此产生。"双元制"中的二元即是学校与企业，其运作模式主要是学生在取得普通高中毕业证书或者专业定向高中毕业证书之后，参加与学校合作公司的面试，面试成功之后即与企业签订劳资合同并在企业与学校两个场所分别进行理论与实践的学习。该种模式下的学制一般为三年，学费是国家与地方政府补贴三分之一，企业资助三分之一，学生自己承担三分之一。这使学生的学费负担得以减轻，有利于学生将更多精力与时间投入学习。1930 年，在工商大会的推动下，义务职业教育被引入，"双元制"正式形成；1938 年，德国出台相关法律法规；1965 年，与"双元制"有关的职业教育法颁布，该法律对学校和企业之间的合作起到了强制作用（崔岩，2014）。②

在德国各高校，运用"双元制"模式比较好的有黑森州应用科技大学、莱茵美茵应用技术大学、古吉森大学等学校，并且还发展出了各种各样的形式（蔡晓菲、谢永力，2017）。③ 有的是将企业培训和学校培养结合得更紧密，有的是在实践课程的学习上更需要学生自觉（陈德泉，2016）。④ "双元

———————————

① 田雅志. 日本校企合作办学经验对国内校企合作办学机制的启示 [J]. 中国培训，2016（12）：284-285.

② 崔岩. 德国"双元制"职业教育发展趋势研究 [J]. 中国职业技术教育，2014（27）：71-74.

③ 蔡晓菲，谢永力. 德国"双元制"职业教育模式考察 [J]. 盐城师范学院学报（人文社会科学版），2017，37（2）：105-108.

④ 陈德泉. 德国双元制职业教育的重新审视 [J]. 中国高教研究，2016（2）：92-96.

制"在各学校的具体实施措施不尽相同，但核心思想是不变的（陈莹，2015）。① "双元制"可以衍生出多种不同的培养方式得益于其较强的机动性，且应用门槛低，学校和企业可发挥的空间较大，所以该教育模式在德国得到了很好的运用（赵学瑶、卢双盈，2015）。②

5.2 美日德三国产教融合人才培养模式比较分析

5.2.1 美日德三国产教融合人才培养模式的共同点

首先，三个国家都重视产学结合相关的法律法规的制定。美国在 1963 年就为校企合作制定了相关法律，并在使用中逐步补充，如《职业教育法》。而日本则更早，在 1958 年就提出了《日本职业训练法》，而后，日本又根据国情的变化不断对校企合作法律作出更为细致的规定。德国也有《联邦德国职业教育法》《职业培训条例》等多项专门为校企合作设立的法律法规。三个国家的法律都对学校和企业的责权进行了明确分工，并提出了实施过程中应注意的事项，法律的内容也根据社会需求一直在完善。所以，发展至今，三个国家的相关法律都比较成熟。具体如表 5-1 所示。

表 5-1 日美德产教融合相关法律法规

国家	法 律 法 规
日本	《产学合作教育制度咨询报告》（1956 年）
	《关于振兴科学技术教育报告》（1957 年）

---

① 陈莹. 德国双元制高等教育体系研究 [J]. 外国教育研究, 2015, 42（6）: 119-128.

② 赵学瑶, 卢双盈. 德国"双元制"培养模式在我国职业教育中应用的再思考 [J]. 职业技术教育, 2015, 36（10）: 18-23.

续表

国家	法 律 法 规
日本	《关于产学合作》（1960 年）
	《国民收入倍增计划》（1960 年）
	《学校教育法（修订）》（1961 年）
	《职业训练法》（1969 年）
	《职业能力开发促进法》（1985 年）
	《职业能力研发促进法（修订）》（1993 年）
美国	《职业教育法》（1963 年）
	《青年就业与示范教育计划法案》（1977 年）
	《职业训练协作法》（1982 年）
	《就业培训合作法》（1983 年）
	《柏金斯职业教育法案》（1984 年）
	《珀金斯职业应用技术教育法》（1990 年）
	《从学校到工作机会法》（1994 年）
	《卡尔·柏金斯生涯与技术改进法》（2006 年）
德国	《手工业行业协定》（1965 年）
	《联邦职业教育法》（1969 年）
	《企业基本法》（1972 年）
	《实训教师资格条例》（1972 年）
	《联邦德国职业教育促进法》（1981 年）
	《职业培训条例》（1984 年）
	《手工业学徒结业考试条例》（1987 年）
	《联邦德国职业教育促进法（修订）》（1990 年）
	《强化职业教育的几项重点措施》（1994 年）
	《联邦职业教育法》（2005 年）

其次，三个国家的政府在推动校企合作、产教融合的过程中起到了显著的作用。三个国家的政府都对开展校企合作教育模式的学校进行了补贴和财

政拨款支持，特别是德国，政府给学生提供学费补贴。在对学校补贴的同时，三个国家政府还会通过减税等方式来鼓励企业与学校合作。

再次，三个国家的校企合作模式在实施过程中，企业和学校都有比较紧密的结合，做到了学校为企业提供需要的人才并给企业提供技术支持，而企业也为学校提供资金。同时在课程设置以及制订学生培养方案上，学校会以满足企业或者社会经济发展需求为目标进行安排。

5.2.2　美日德三国产教融合人才培养模式的不同点

首先，美日德三国校企合作学校和企业主体地位不同。美国的产学研相结合的教育模式中，学生的身份是单一的，且学生在学习过程中需要在学校和企业之间轮换交替，因此学校往往占主体地位。学生需要不断将学到的知识用于实践，并将实践中获取的经验再次服务于学习与研究中。而日本的企业教育"产学官"模式中，更倾向于企业内教育，学生常常有两种身份，即员工与在校学生或者实习生与学生。德国的校企合作中，学校和企业的地位则是完全平等，学校与企业作为教育模式中的二元共同培养人才。

其次，美日德三国校企合作人才培养模式存在的利弊不同。美国的产学研模式更注重培养创新型人才，通过学校与企业对人才的共同培养使理论与实践相结合，有利于提高企业创新能力，推动技术革新。而德国和日本的主要目的是通过理论与实践的学习，培养出适合某一固定企业运作所需要的高素质人才。相比之下，美国的模式更能较好地适应经济社会的变化，而日本和德国的培养模式有助于培养出与企业契合度更高的人才。

最后，美日德三国人才培养模式中相关立法的侧重点不同。美国在立法上以满足社会整体需求为核心，重视政府在协调企业与学校的参与度中宏观调控作用。为弥补企业参与校企合作的动力不足的问题，美国立法中对政府该为企业提供的经费支持做出了详细的规定。而德国和日本在立法中的特点则是重视对参与产教融合人才培养模式中各主体的责权分配，也包括对学生的权利和义务的规定，任何一方违反规定都会受到相应处罚。这一立法使得德国的"双元制"实行起来更加规范化、有序化。日本则是以借鉴欧美立法为基础，结合自己国情增加了对企业内职业培训的立法，对职业培训中企业的资格、培训形式、时间等方面有更加具体的规定。

5.3 美日德三国产教融合人才培养模式的经验借鉴

5.3.1 完善法律政策是推动产教融合人才培养模式有效实施的保障

通过与国外比较成功的案例对比可以得知，完善有关校企合作的相关法律法规十分重要。明确的法律条文可以更好地确定学校和企业双方的权利与义务。目前，校企合作在我国也渐渐兴起，实施该教育方针的学校和企业也越来越多，但是政府却缺少相关法规来维持校企合作的进一步推进。关于校企合作建设的相关法律目前只有 2012 年河南省政府颁布的《河南省职业教育校企合作促进办法（试行）》这唯一一部地方性法规，但其还处于试行阶段，需要完善的内容还有很多。缺乏法律法规的约束，校企合作始终是处于一种零散无序、缺少持续性、深入程度低的状态。这也是我国校企无法深入合作，学校难以培养出适应于社会需要的人才的原因（杨红荃、崔琳，2016）。①

5.3.2 维护企业利益是促进产教融合人才培养模式高效运行的关键

企业的根本目的是盈利，而目前我国大多数的校企合作唯一体现便是

---

① 杨红荃，崔琳. 法制视域下德美日三国职业教育校企合作模式探析［J］. 教育与职业，2016（6）：20-24.

企业可以为学校学生提供实习机会。我国政府可以学习日本、德国，对积极参与校企合作的企业给予税收上的减免或者给校方适当的行政补贴，通过各种优惠条件提高企业和学校联合的积极性。同时明确有关课程设计、考核制度和学生培养质量要求的相关细则，保障企业在教学过程中与学校拥有同等地位，激发企业参与培养学生的积极性（李松、马瑛、陈前利，2014）。①

5.3.3 提高学校教学能力是保证产教融合人才培养模式质量的重点

企业在选择是否与高校合作时也会考虑学校的办学能力，与办学能力强的学校合作企业才有可能通过该途径获得优秀的人才。学校应学会最大限度地利用好企业资源，积极邀请企业优秀技术人员或者管理者来校授课，或者开展知识讲座，使他们能够更好地将实践知识传授给学生。

5.3.4 完善管控系统是促进产教融合人才培养模式有序发展的核心

管控系统的完善可以保障校企合作更加规范化，增强校企合作的稳定性和可持续性。校企合作过程中管理监督体系缺失则会造成校企合作的无序化和表面化，从而无法得到理想的效果。所以，我们应借鉴国外经验，完善并健全校企合作管理体系。设立专门的咨询管理部门、监督部门、政策研究机构，明确责权，使校企合作有序化。同时，校企合作各管理部门要互相配合，分工协作，并在实践中统筹管理，做好对校企合作的监督与考核工作。

---

① 李松，马瑛，陈前利. 高等院校校企"共赢"合作模式分析——基于中国和美国比较 [J]. 科教导刊（上旬刊），2014（1）：3-4，10.

5.4　我国较发达地区区域性产教融合模式及经验启示

我国较发达地区出现了区域性产教融合模式,因此,本节专题考察长三角区、粤港澳大湾区、京津冀三大协作区域产教融合模式及经验启示。

5.4.1　三大协作区域产教融合模式的主要做法

5.4.1.1　长三角区产教融合发展模式的主要做法

长三角区教育高质量一体化发展战略协作框架,如图 5-1 所示,确立了多维度联动机制。借长三角区一体化发展上升为国家战略之机遇（2018）,长三角区教育合作也加快步伐,进入攀升教育之高质量发展阶段,以期整体教育现代化的推进,其重要的标志为:沪、苏、浙、皖四地共同签署《长三角地区教育更高质量一体化发展战略协作框架协议》等协定（王宝智,2022）。①

长三角地区在深化校企合作方面取得了显著的成就。在国家层面发布支持文件的基础上,长三角地区通过省域层面的法规和制度进一步推动了产教融合。《安徽省人民政府办公厅关于深化产教融合的实施意见》《浙江省深化产教融合推进职业教育高质量发展实施方案》《上海市深化产教融合协同育人行动计划》等文件的颁布展现了长三角地区在这一领域的领先地位。

"双高计划"学校在根据地方特色制定相关制度和方案方面表现出色,例如《进校企业管理暂行规定》《产教融合项目资助管理办法》《产业学院建设与管理办法》等。这些校企合作制度有助于促使校企合作机制更加有序运行,

---

① 王宝智. 推动长三角地区职教一体化发展 [J]. 中国高等教育, 2022 (22):59-61.

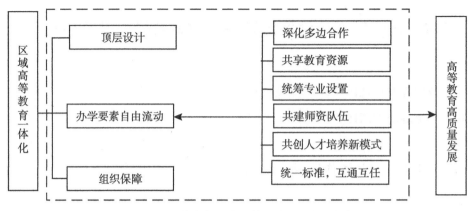

图 5-1　长三角高等教育一体化发展的内涵框架

为深化合作创造了良好的制度基础。

　　一些"双高计划"学校在推进校企合作方面取得了积极成果，采取因地制宜、因校施策的方式，积极推动混合所有制、职教集团实体化运作以及实体化公司运行等措施，加速了深层次的校企合作。这些努力有助于推动教育领域的改革，使得校企合作更为深入和有力。

　　长三角地区的产业链相对完善，营商环境良好，产业竞争力强劲。这为校企合作提供了有利条件，使得企业更愿意参与其中。地方政府在推动产教融合方面采取了得力的政策举措，进一步激发了企业的合作意愿。校企合作逐渐从以学校为主体向政府引导、多元主体参与的方向发展，企业主导的校企合作也在不断增加。

　　同时，长三角地区以校内外实训基地建设为纽带，并升级了生产设备，增加了学生实习实训的机会。这进一步推动了实践教学的改革，有助于提高学生的技术技能水平，推动了产教融合的快速发展，为地区经济和教育的协同发展提供了有力支持。

5.4.1.2　粤港澳大湾区产教融合发展模式的主要做法

　　号称"中国第一湾"的粤港澳大湾区目前初步构建了以企业为主体、市场为导向的"官产学研资介商"相结合的产教融合模式。该区域为"9+2"

的世界级城镇群，现代产业体系完备，急需大量的人才供给，而粤港澳大湾区产教融合发展模式有力推动了该区域的产业高质量发展。

在产教融合治理方面，该区多途径、多手段、不遗余力进行创新，成效初显。尤其是，在分析论证的基础上，该区的所属三地密切合作，打造人才联合培养机制，构建师资培训体系，构建合作共享平台，实现职业资格互认等方面，实行一体化战略，其进展令人瞩目（植林，刘思莞，2023）。[1]

《粤港澳大湾区发展规划纲要》中指出：以人为本，强化教育、文游的合作，推动教育发展，加大与现代产业体系相适应的人才供给。当前，粤港澳大湾区中心城市拥有本科院校和职业院校数十所，呈现出明显的教育空间聚集趋势，支撑了该区产业发展。该区产业学院以产业为基石，充分发挥与企业的协同创新，构建以产业链为核心的新型产教深度融合模式，为该区域培养高素质技能人才（姚宇华，2023）。[2]

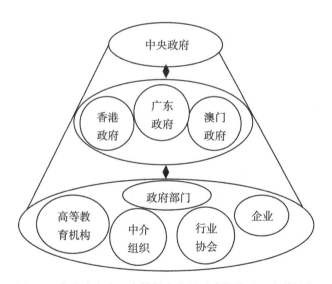

图 5-2　粤港澳大湾区高等教育产教融合协作治理主体结构

---

① 植林，刘思莞. 基于高校新型研发机构的粤港澳大湾区产教融合路径研究 [J]. 科技管理研究，2023，43（5）：74-80

② 姚宇华. 粤港澳大湾区新型大学的战略需求与实践路径 [J]. 现代教育管理，2023（5）：33-42.

5.4.1.3 京津冀产教融合发展模式的主要做法

京津冀围绕三地产业布局的调整和定位，找准各方利益结合点，确立"五联动五携手"产教融合模式（周金凯，2023），① 即：产业、行业、企业、职业与专业的"五业联动"以及政、行、企、校、研"五方携手"。

实施"五联动五携手"产教模式的主要举措有如下几个方面。

一是以政府规划为手段，推动产教融合。以《京津冀协同发展规划纲要》（2015）为指导，成立了京津冀协同发展联合工作办公室，形成了《京津冀产业合作重点平台目录》（2023），打造京津冀产业链图谱，并明确将产教融合作为高端产业集群建设的智力支撑，为深入开展校企合作提供政策保障和资金支持（夏磊、张力，2018）。②

二是院校联动，优化专业设置。为了有力促进京津冀高等院校教育链、人才链与产业链、创新链精准对接，根据京津冀高端产业集群建设的地位和要求，三地高等院校密切互动；结合高端产业链中的位置，高等院校调整主动调整专业群，优化相应的专业，以适应各地产业链的需求，利用自身的专业优势，联合打造引领性的专业集群。

三是校企联动，加强校企合作。京津冀高职院校与科技企业，以互利为原则，以共赢为宗旨，共建工程师学院、大师工作室、产教联盟、高端产业学院等校企合作形式，促进特色专业与企业的对接、人才培养与企业需求的融入，鼓励更多的企业与高等院校共同育人，培养高质量的人才供给。例如，通过校企联动，高等院校教学能密切跟踪日新月异的高端产业界信息，这样一来，高等院校及时接触到高端技术的前沿，确保高校的教学改革能够紧跟时代的步伐，提高高校的创新能力，促进产业发展。校企联动，人才培养是关键环节。

四是与自由贸易试验区协作，培养高技能人才。以"高等院校+自贸试验

---

① 周金凯. 京津冀高职院校深化产教融合的合作机理与推进措施 [J]. 职业教育研究，2023（4）：29-34.

② 夏磊，张力. 京津冀协同发展产教融合的职业教育探索 [J]. 中国职业技术教育，2018（9）：17-21.

区"的产教融合形式，京津冀三地实现人才培养与自贸试验区内的高端产业集群精准对接，形成全球科技创新发展、高等职业院校教育教学提升、高端技能人才培养跟进的良性循环模式，打造京津冀升级版的产教融合方案，并逐步向全国范围推广（盛涛、赵锦钰、张锐等，2023）。①

5.4.2 我国较发达地区区域性产教融合的经验借鉴

5.4.2.1 协同推进是基础

长三角区、粤港澳大湾区、京津冀三大区域性协作组织其各内部既有地区经济的相似性，也有差异性，无一不是建立在协作基础上，通过打造人才发展和创新发展共同体，逐步走向高等教育区域化发展，推动产教融合的深化。由此，国内区域协作的高教发展和产教融合深化应该在各区域共同组建一个高于地方政府的领导小组，或在现有的国家协同发展领导小组下设立分支机构，负责统筹开展高等教育领域的协同工作。协同机构负责顶层设计，制定适合于该区域经济社会发展的高等教育建设和发展规划，确定区域高等教育发展目标，引进相应的制度体系，统筹推进高教发展、人才引进、科研联合攻关等重要事项，强力推进产教融合的内容，有效实施产教融合的路径。

5.4.2.2 资源配置是重点

政府是深化产教融合的统筹者与推动者，发挥着主导作用。在区域协作发展中既要看到区域内教育的共同点，也要看到不同点，在找准利益融合点的基础上实现产教融合教育资源的协同配置，优化资源配置。一要优化资源布局，结合协作区域空间布局的特点，加强产教融合总体规划，形成各类高等教育资源互为补充的格局。二要注重资源衔接，处理好疏解和承接的关系，强化产教融合教育资源输出地与承接地的需求对接，发挥区域间各自比较优

---

① 盛涛，赵锦钰，张锐，周卫斌. 京津冀高等教育产教融合协调机制构建［J］. 中国轻工教育，2023，26（3）：12-19.

势，以区域特色为牵引打造功能互补的产教融合教育生态链。三要促使资源融合，用好教师这一教育发展的第一资源，加大为协作区域内高教资源相对薄弱的地区培养师资力度，强化"造血"机能，促进高教资源协作区域内均等化发展。

5.4.2.3　良性合作机制是保障

从长三角区、粤港澳大湾区、京津冀三大区域性协作组织内的在高校参与城市发展的实践中，我们可以清晰地观察到，政府、高校以及企业等组织之间共同构建的合作机制，已经成为确保高校与地区协同发展的强有力保障。健全政府保障体系是应用型本科院校产教融合多方合作的关键，政府可以在制定保障制度的基础上，积极调动各方的合作积极性，包括利益、师资队伍、知识结构共享等提供政策先行的保障。唯有如此，才能呼唤出高校和企业参与产教融合的动力，形成比较完善的高校与企业之间的和谐合作机制。同时，高校与企业、地区之间的合作机制也将得以顺畅，形成紧密的三者"共生"关系，它们相互支持、协同发展。

5.4.2.4　校企深度合作是重要途径

天开高教科创园建立高校与产业园区和谐的协调机制，探索"学科—人才—产业"互动的校企合作的新途径。通过产学合作，打造科研成果孵化器，健全科技成果转化对接机制，产出更多科技产品，培育出更多高科技企业。另一方面，支撑科技成果从实验室走向生产线，完成"惊险的一跃"，锤炼高校师生的教学和科研应用于市场的能力。近年来，在实施扩大内需战略、创新驱动发展战略背景下，产学合作模式不断创新。但在产教融合与区域发展方面，打造创新链、产业链、资金链、人才链深度融合载体平台，立足区位优势和特色产业，增强协同创新发展能力，更好支撑高质量发展方面任重道远（张璋、赵制斌、何江川，2022）。①

---

① 张璋，赵制斌，何江川. 区域发展背景下的地方高校产教城融合发展路径研究——基于"三螺旋"模型［J］. 中国软科学，2022（S1）：159-166.

6. 我国应用型本科院校产教融合、校企合作协同育人的现状与问题

本章首先分析我国应用型本科院校产教融合、校企合作协同育人现状与存在的问题，归纳供给侧结构性改革背景下我国应用型本科院校产教深度融合过程中面临的优势、劣势、机遇、挑战。其次，针对我国应用型本科院校产教融合、校企合作协同育人模式特点以及产教深度融合的优劣势，探讨我国应用型本科院校产教深度融合、校企合作协同育人过程中存在问题的原因。

6.1 我国应用型本科院校产教融合、校企合作协同育人的现状描述

6.1.1 国家产教融合的政策引领产教融合发展

产教融合、校企合作成为我国高校发展的重要抓手和必由之路，政府介入其中的力度有不断加强的趋势，从出台的相关文件可以管中窥豹。例如，无论是 2014 年的《国务院关于加快发展现代职业教育的决定》，还是 2017 年国务院办公厅印发的《关于深化产教融合的若干意见》，乃至 2023 年印发的《职业教育产教融合赋能提升行动实施方案（2023—2025 年）》等一系列深化产教融合的政策文件。都显示出政策对产教融合的实践的指导作用越来越重要。省市级层面产教融合的政策法规也紧锣密鼓地跟进，以湖北为例，相

继出台了《湖北省建设产教融合型企业实施细则（试行）》和《湖北省产教融合建设试点工作方案》等文件，建立激励机制，创新人才培养模式，发挥企业参与校企合作的积极性，深化产教融合之路，以促进教育链、人才链与产业链、创新链有机衔接。在具体政策措施制定和操作上，无论国家级，还是省市级层面，力图体现如下两大特征：一方面，试图利用行政管理职能，实现政策主体的多部门联动，自上而下，整体上推进产教融合顶层设计上的原创性突破；[①]（姜红、李师萌、盖金龙，2023）另一方面，试图在操作层面，增强其政策的现实可行性，扭转应用型高校产教融合不利的局面。有关政策文件如表 6-1 所示。值得一提的是，职业教育的有关产教融合文件，对于应用型本科院校来说，也有借鉴意义。

表 6-1　　　　　　　　　　相关政策文件一览表

文 件 名	发 布 日 期	政 策 内 容
《国务院关于加快发展现代职业教育的决定》	2014 年 6 月 24 日	该方案强调了以产教融合、校企合作、协同育人为手段，办好职业院校，服务地方经济发展
《国务院办公厅关于深化产教融合的若干意见》	2017 年 12 月 9 日	该意见指出，深化产教融合，促进教育链、人才链与产业链、创新链有机衔接，是当前推进人力资源供给侧结构性改革的迫切要求，对新形势下全面提高教育质量、扩大就业创业、推进经济转型升级、培育经济发展新动能具有重要意义

---

① 姜红，李师萌，盖金龙. 基于政策工具视角的中国产教融合政策适配性研究——77 份国家层面政策文件的量化分析 ［J］. 吉林大学社会科学学报，2023，63（1）：83-99，236-237.

续表

文 件 名	发布日期	政 策 内 容
《关于印发加强实训基地建设组合投融资支持的实施方案的通知》	2018年10月10日	该方案指出，实训基地建设是加强技术技能人才培养的关键环节。加强实训基地建设组合投融资支持，是贯彻落实党中央、国务院关于加快发展现代职业教育、推行终身职业技能培训制度决策部署，深化产教融合、校企合作，加快建设实体经济、科技创新、现代金融、人力资源协同发展的产业体系的重要举措
《建设产教融合型企业实施办法（试行）》的通知	2019年3月28日	本办法建立激励机制，鼓励企业深度融入产教融合；加大力度，落实普惠性政策扶持
《关于促进国家大学科技园创新发展的指导意见》	2019年4月15日	该意见提出坚持资源集成、坚持改革创新、坚持开放协同、坚持分类指导四项基本原则。需集成高端科技创新资源，推动科技成果转化，以此促进科技创业繁荣发展，共同构建开放融合发展格局
《关于印发国家产教融合建设试点实施方案的通知》	2019年10月9日	该方案注重发挥开发区重点企业、优势产业集聚作用，打造产教融合型企业；创新产教融合重大平台载体建设
《现代产业学院建设指南（试行）》	2020年7月30日	该指南明确了现代产业学院未来四年的建设目标及七个方面的建设任务，并说明了现代产业学院所需具备的申报条件及立项程序

续表

文 件 名	发 布 日 期	政 策 内 容
《湖北省建设产教融合型企业实施细则（试行）》	2021 年 4 月 27 日	该方案明确了构建产教融合企业的具体条件和申请程序。企业需要符合一定的条件，然后按照规定的程序提交申请。同时，该方案还规定了对符合条件的产教融合企业给予奖励政策，并建立了相应的管理和退出机制
《湖北省产教融合建设试点工作方案》	2021 年 4 月 28 日	该方案以湖北省的十大重点产业为依托，旨在初步建立省级产教融合制度框架和激励政策体系。选定了约 400 家湖北省内的产教融合企业，与高校展开深度合作
《职业教育产教融合赋能提升行动实施方案》	2023 年 6 月 8 日	围绕"赋能"和"提升"提出了 5 个方面 19 条政策措施。其中，在赋能方面，主要通过"试点、政策、资金"三个抓手，为职业教育产教融合助力

6.1.2　已走出产教融合、校企合作的认识误区

近十年的产教融合、校企合作的改革与实践，在认识上也不断深化，走出了一些认识上的误区。主要表现为：一是以前存在只关注专业技能、忽视综合素质的误区，现在都普遍认为，产教融合和校企合作应该注重培养学生的专业技能，同时也关注其综合素质，包括沟通能力、创新能力和团队协作能力等。二是传统上认为产教融合只是为了应对短期用工需求，事实上产教融合是为了更好地结合教育和产业发展，培养更具竞争力的人才。它不仅关

注短期用工需求，还致力于长期人才储备和行业发展。三是以前以为只有特定行业才适合产教融合，产教融合实践表明产教融合适用于各个行业，包括制造业、服务业、科技等。每个行业都有不同的需求，产教融合可以根据具体情况进行灵活调整。四是昔日存在校企合作只是企业提供实习机会的粗浅认识，过渡到校企合作应该是一种战略性的合作关系的认识，这种关系包括共同研发、共建实验室、双向培训等多层次、深层次的合作形式，而不仅仅是提供实习机会。五是以往认为合作中企业只是为了获得廉价劳动力，现在通行的看法是企业除了能够获取人才，还可以通过与学校的合作促进创新、提高生产力，实现长期可持续的合作关系。

6.1.3　数字经济产融联盟持续发展

首先，在数字经济时代的浪潮下，产教融合不再局限于简单的生产与教学的结合，而是在数字化背景下赋予了新的时代特征。产教融合不仅仅是为了推动技能的培养和发展，更是一种教育界与产业界相互合作、资源互补的活动和关系。数字经济以数据资源为核心，依托现代信息网络和信息通信技术，推动着经济活动的创新与发展。在这一背景下，产教融合的新内涵体现在以数字经济发展需求为导向，以数据要素为核心，以数字技术为手段，通过建立区域产业系统与教育系统的内外部、纵横向的数据连接，利用产教融合集成化大数据平台促进产学研互动，实现人才培养的供需对接、生产与教学的深度融合、教学过程的全智能化。这一过程形成了一个数字化系统，其特点是高度耦合、互为反馈、相互促进、协同发展。

其次，为适应新一代信息技术与实体经济深度融合的趋势，高等院校正在进行基于产业链的专业数字化改造，同时致力于建设新的专业群。这是对技术技能人才培养新需求的积极响应。高校的重点方向是数字化和智能化的转型，通过积极发展新兴专业和专业群来应对这一挑战。这些新兴专业包括但不限于大数据、云计算、工业机器人、智慧旅游、智慧建造、新零售、商务数据分析等。这种专业的发展方向与数字经济时代的要求相契合，使得高等教育更好地满足了社会对应用型和技术技能人才的需求。兼顾时代发展特征，对基于数字经济产教融合模式进行了一系列理论探索，对各专业建设改革有一定的参考价值，对地方经济的建设发展有一定的启发。数字经济对企业数字化、智能化的转型升级起到核心关键作用，在产业数字化的过程中，涉及从生产制造、采购物流、仓储运输等生产制造环节，到客户服务、数字营销、门店调配等流通环节，再到结算中心、供应链管理、人资管理等企业运营管理环节。从人才培养角度出发来看，教育教学的视域更开阔，理念更趋全局化。

最后，为深化产教融合，高等院校正在积极推动建设"数字经济协会"。这一协会的发展旨在实现对产业链、创新链、人才链、教育链的全方位融合，依托行业领军企业，打造产教融合平台，成为数字经济产业人才培养的重要基地。在推动产教融合的数字化内涵建设过程中，数字经济协会扮演着重要的"管家"角色，具备"政策引导者""标准制定者""质量评价者"三重功能。作为政策供给和需求层的中介者，数字经济协会时刻关注并提供最新的法律法规和政策信息，充分了解数字经济产业的发展动态、技术演进和数字人才培养需求，为其他产教融合组织提供支持和建议，与政府决策部门合作，为高等教育的发展提供合理建议。

6.1.4　产教融合模式改革异彩纷呈

应用型本科院校结合各地实际，因地制宜进行了产教融合模式创新，促进了地方经济社会高质量发展。例如，潍坊科技学院"三元"推进产教融合，南理工紫金学院 ACCA（方向）实验班探索"三多并进、三专并行、三改并重"的人才培养模式，都取得了可喜的成绩。

6.1.4.1　潍坊科技学院"三元"推进产教融合

潍坊科技学院位于"中国蔬菜之乡"的山东省寿光市。随着科技的飞速进步，寿光的农业发展急需更多拥有科学知识技能和园艺技艺的高层次人才。为促进教育与经济社会的协调发展，学院积极深化产教融合，践行"三元"推进产教融合，即：依据产业精准培养人才、利用自身优势强化"产学研用"、推进校企合作创建产教基地，并获得了良好的办学效果和社会效益。

一是依据产业精准培养人才。学院与全国蔬菜质量标准中心、寿光蔬菜产业控股集团等多家企业合作，建立了智慧蔬菜产业学院，共同打造了完整的产业体系，这一专业体系的建立使学院为农业领域的人才培养、新品种研发、高科技栽培技术、互联网与智能化防害系统等领域提供全面支持。以智慧蔬菜产业为核心，学校建立了一个融合了"校园、田园、创业园、科技园"四大要素的一体化互动发展模式，不仅有效地将产业链、创新链和教育链连接在一起，还实现了它们之间的紧密协作与互动。"四园一体"的园艺人才培养模式创建与实践获山东省教学成果二等奖。学院被授予"2021年度全国应用型人才培养工程产教融合示范基地"称号。

二是利用自身优势强化"产学研用"。学院充分发挥自身的优势，积极加强产学研用的合作，与多家企业合作建立了产学研服务平台。这一合作平台旨在共同解决产业技术创新的关键问题，使高校的知识和研究成果能够直接为地区经济和社会发展提供支持。通过各方的努力，建立了多个省级工程技术中心和重点实验室，包括山东半岛卤水资源高值化绿色化综合利用工程技术研发中心、山东省海洋精细化工绿色化高值化工程技术中心，以及山东省化工资源清洁利用工程实验室等。学院积极从事环境质量监测和卤水资源综合利用的应用研究，成立了多个科研平台，如工业互联网研发中心、海洋精细化工技术研发中心、新材料研发中心、盐文化研究中心和海洋药物研发中心等。这些平台与企业、高校和其他机构合作，开展了30多个项目研究，涉及工业互联网、氯化溴连续合成、新型卤化促进剂、聚合物连续凝聚工艺等多个领域。同时承担了超过30项山东省省级及国家级课题，总经费超过3000万元，获得了多项科技进步奖项和专利授权。

三是推进校企合作创建产教基地。学院创建了多处产教基地，以产教基地为中心，辐射了包涵提供企业导师、学生就业机会、科研项目合作、教师实践培训、企业岗位课程开发、企业培训支持、毕业设计课题合作以及教学实习在内的多方面、多角度、多链条的产教融合综合性基地。同时，学院采取了以学校与企业的联合培养为依托的双向培养模式，学院通过将学生分批次派往基地深化学习，并邀请行业专家指导学生，为学生创办专题讲座和提供技术指导，使学生向专业知识和必要技能的双向高质量发展。通过深度融合产业和教育，学院实现了将人才培养、教师专业化、实际操作培训、学生创新创业以及企业科技创新等多个关键功能有机结合。这样的合作模式旨在构建一个实体性的人才培养平台，其中各方相互补充、互利共赢，并促进互动合作，以推动创新和产教融合。

6.1.4.2 南理工紫金学院 ACCA（方向）实验班专业财会人才培养模式改革

南京理工大学紫金学院是教育部批准的普通本科独立学院，拥有科技部国家制造业信息化培训中心产教融合试点示范基地、江苏省产业人才培训基地等称号。南京理工大学紫金学院 ACCA 实验班，以培养符合当今需求的会计和财务领域的专业人才。为了实现应用型人才培养目标，学院采取了"三多并进、三专并行、三改并重"的人才培养模式。该培养模式既符合经济社会发展对企业的人才需要，也满足了学生的学习需求，达到"学院—学生—企业"三端共赢的效果。其人才培养模式如图 6-1 所示。

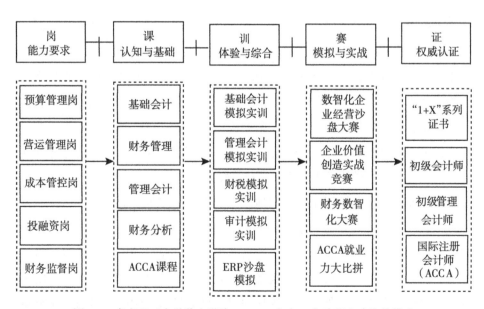

图 6-1 南京理工大学紫金学院 ACCA（方向）实验班人才培养模式

该实验班人才培养模式在贯彻产教融合、校企合作方面做出了以下尝试。

一是"多场景、多主体、多维度"并进，共同打造产教融合共同体。南京理工大学紫金学院 ACCA 实验班在多个教育、工业和行业领域，积极与多个主体，包括毕马威、新道科技以及 ACCA（特许公认会计师公会），展开广泛的协同合作。这一合作涵盖了教育、竞赛、实践和创业等多个领域，旨在与业内领先企业建立多维度、深度合作，以构建一种校企互利互惠、共同成长的发展模式。聘请了国有企业的总会计师和会计师事务所的负责人，担任专业建设指导委员会的专家，以提供专业建设方面的指导和支持。还积极邀请合作企业和行业协会参与会计学专业人才培养方案的制定、教学过程、实习和创业教育的全程参与。

二是"优专业、立专项、建专班"并行，校企合作重塑培养机制。会计学专业对标产教融合型品牌专业建设要求，精准培养定位，优化专业方向，加重实践教学，改革并践行"精定位、优方向、重实践、嵌认证"的人才培养方案。对标产教协同育人，开展产教协同、教改科研、实践创新及竞赛项目合作，打造双师型教学团队，拓展资源平台。对标国际职业资格认证，建设 ACCA 专班，形成分阶段、嵌入式的课程模块，满足学生个性化发展。

三是"课群改、强课改、抓教改"并重，教学创新提升质量成效。为确保毕业生更好地适应新一轮科技革命和产业变革，提升就业信心与竞争力，本专业在新一轮人才培养方案中增设数智化课程模块，与合作企业共建数智化课程资源。基于"岗、课、训、赛、证"融通着力打磨专业课，积极推动教学内容、教学模式、实践教学的深度联结和高效转化，以教学创新促成理实一体、学生真学真会。打造产教融合型一流课程。

ACCA 实验班的设立在应对新一轮科技革命和产业变革中发挥了重要作用。为毕业生提供了更好的机会，使他们更容易适应快速变化的工作环境，增强了他们的就业信心和竞争力。同时企业方也从该人才培养模式中受益匪浅。企业能够招聘到更符合自身需求的员工，这意味着不再需要花费大量时间和资源来培训新员工，从而节省了培训成本。ACCA 实验班的声誉也吸引了更多的优质企业愿意与南京理工大学紫金学院合作。这种合作不仅有助于建立更紧密的产学研合作关系，还有助于培养更多的专业型人才，为新兴行业的发展作出贡献。

6.2 我国应用型本科院校产教融合、校企合作协同育人的问题展示

6.2.1 尚未形成完善的校企合作机构设置

一是产业需求与区域高等教育供给的同步规划不紧密，难以解决不同层次应用型本科高校产教融合供给边界问题。应用型高校的地方主管政府对本区域高等教育结构、院校办学特色、主导产业发展需求等具有信息优势，但是在教育教学标准制定、课程内容实施、考试考核等方面存在难以适应产业需要的状况。在高校教师问卷调查中，面对"为了促进各主体协同育人，您认为产教融合项目中可以构建以下哪些平台？"这一问题，同时选择"产教融合资源共建共享平台""产教融合实习实训平台""产教融合信息服务平台"的占88.6%。可见，绝大多数的受访者都认为产教融合应当建设共享平台来助力产教融合的实施。在对企业问卷调查时，回答"贵企业认为目前参与的校企合作创新网络运行过程中存在的主要问题是？"，有82.9%的选择"知识、信息交流不够畅通"，有83.3%的学生选择"合作形式单一"。可见，产教融合、校企目前急需建设相关的合作平台。同时，从增强区域性创新潜力和长期性经济附加值的转化出发，校企合作成果转化信息管理平台机构设置不健全，不易发挥应用型本科高校自身独特的发展规律和能动性，需要高度关注人才培养供给侧和产业需求侧在结构、质量、水平上的适应性。

二是应用型本科高校产教融合成效评价与认定体系不明晰，难以解决校企合作成效评定问题。评价与认定体系影响着校企合作组织机构行为的价值取向，包括技术知识生产与实践成果，以教学为中心或者以科研为中心的应用型高校在推进产教融合中需要遵循成效评价与认定原则，遵循技术知识校企双向传播和学生习得成效同步原则、生产领域技术知识转换与应用成效和

科学领域技术知识生成同步原则、生产领域技术问题解决和学生技术知识训练与创新应用同步原则，引导校企合作机构协同创新。

6.2.2 企业参与校企合作积极性不高

一是政府在引导当地企业发挥引领作用方面取得了一些进展，但却未设立具体的奖励和激励机制来鼓励其积极参与。部分地方的相关规范性文件缺乏明确的企业责任制度，未能将企业在产教融合中的社会义务转化为法定责任，因此仅仅停留在口头上的倡导，而缺乏实际的法律约束，这使得很多企业缺乏参与产教融合的积极性和主动性。在高校教师问卷调查中，面对"您认为与贵院系开展产教融合项目的企业积极性如何？"这一问题，选择"完全不积极"的占68.6%，选择"基本积极"的占18.1%。可见，86.7%的受访者认为企业在参与学生培养环节、校企合作积极性不高。

二是企业在参与产教融合的过程中缺乏企业制度的保障。产教融合往往会打破企业既定的生产计划和发展目标，在多责任主体的协调中会给企业带来额外的负担。另外，企业没有在产教融合中获得直接利益，如在技术难关、房租优惠、政策支持、额外利润等，这就导致企业参与产教融合的热情不足。

三是企业往往更偏重于经济效益，为学生提供实训课程的师资岗位设置不足。校企合作中多数企业不愿意出资花费在给学生培训上，同时对于企业内部的生产机制及仪器设备，相关涉及企业机密的技术，企业也不愿意为学生提供，导致学生只能在一些技术含量很低的工作岗位上实习，真正能联系到专业技能的机会并不多，未充分落实"哪些内容课堂学，哪些内容实训学"。因此，最终的实训效果不理想也是必然的结果。

6.2.3 高校校企合作能力较弱

一是高校吸引优质企业资源能力受限。高等院校在产教融合实践中面临一个关键挑战，即吸引优质企业资源的能力受到限制。尽管高等院校通常急切地寻求与优质企业展开校企合作，以满足其可持续发展的需求，但一些院校由于自身实力的限制，难以展现足够的吸引力。首先，由于各地区的龙头企业往往更倾向于选择国家级示范院校、骨干院校或者"双高计划"院校进行合作。因此，那些在各个方面表现出色但不在上述范畴内的高等院校难以获得与这些优质企业合作的机会。这导致了在合作伙伴选择上的有限性，使得大部分高等院校难以吸引到资质良好、资源丰富的企业。其次，许多小微企业在人才培养方面有着明显的"订单式"需求，但是这些企业在技术资源、人才资源、实习实训场地、设施和培训能力建设等方面存在明显的短板。这使得小微企业很难为应用型本科院校提供足够的支持，进而难以实现有意义的校企合作。这种情况对于产教融合目标的实现构成了一定的制约。

二是应用型本科院校在服务企业发展方面存在一定的能力不足。事实上，应用型本科院校服务企业发展的能力是提升其吸引优质企业资源的核心因素。为了增强对企业的吸引力，应用型本科需要加强内涵建设，专注于培育自身服务企业发展的能力。然而，目前一些高等院校在这方面还存在较大的改进空间，其服务企业发展的能力相对较为薄弱。在管理人员问卷调查中，面对"您认为学校与企业建立合作联系的程度如何?"这一问题，选择"联系不太密切，仅签订了合作协议"的占58.6%。可见，大部分的高校存在与企业都联系不强，发展能力较弱。一方面，应用型本科院校的办学体制机制存在一些问题，特别是在服务企业发展方面，如过于行政化、市场化不足、科研活动与实际产业生产脱节以及强调理论而轻视实践等，诸如此类问题阻碍了高等院校服务企业发展能力。另一方面，有些院校在服务企业发展时，专业教师起着关键的作用，但这些高校的专业教师缺乏在企业工作的经验。他们在校企合作中如何解决实际问题既缺乏科学的方法论，也缺乏扎实的实践能力，难以为企业直接创造经济价值。这种情况使得高等院校在培养能够满足企业需求的人才方面面临挑战。

6.2.4 产教融合的配套政策落实不到位

一是产教融合中存在政府角色的错位。即使政府在深化产教融合中充当了统筹、协调、规划、引导、支持和推动等多重角色，但在实际操作中，政府在内部监督考核机制方面并不够健全。在一项高校管理者问卷调查中，针对"贵校产教融合政策执行效果"的问题，有48.1%的受访者选择了"不太理想"，12.6%选择了"比较理想"，而10.4%选择了"一般"。这表明一半以上的管理者认为产教融合政策的执行效果存在问题。对此，问题的根本可能出在部分省级政府规范性文件的制定上。这些文件可能只是简单地列举了所有可能涉及的相关负责主体，而未确定牵头单位的具体责任等细节问题。这导致缺乏对各负责主体工作任务和职责的科学梳理和细化分工。此外，这些文件也未能构建切实有效的省级政府部门之间、省级政府部门和市级政府部门之间的协作机制。这意味着在实践中，各层级的政府部门之间可能存在沟通不畅、合作不密切的情况，影响了产教融合政策的贯彻执行。因此，解决这一问题的关键在于加强省级政府层面对产教融合政策的具体设计和制度安排。这包括明确定牵头单位，科学梳理和细化各负责主体的工作任务和职责，以及建立切实有效的协作机制，确保政府在产教融合中发挥应有的作用，推动政策的顺利实施。

二是产教融合内部监督考核机制不健全。虽然一系列国家政策文件提出了监督考核的相关工作要求，但却未对具体的监督考核机制建设进行明确规定。例如，《国务院办公厅关于深化产教融合的若干意见》（2017）中提到"建立有关行业主管部门、国有资产监督管理部门积极参与的工作协调机制，加强协同联动，推进工作落实"，但缺乏对监督考核机制的具体设计和实施细则。无疑，监督考核机制的缺失继续影响着产教融合的实施质量。在多方主体合作的联动体系中，各参与主体的资源和实力存在明显的不对等，即便建立了监督考核机制，弱势主体也难以在实际操作中有效制衡强势主体。尽管各方共同合作建立了监督考核机制，但在事实上，缺乏对强势主体的有效约束，使得监督考核难以科学合理地推动产教融合的有效实施。为解决这一问题，有必要在国家政策层面明确监督考核机制的具体要求，并制定相关细则和标准。这包括确立监督考核的指标体系、明确责任主体、建立强有力的制衡机制，以确保各方在产教融合中能够按照规章制度行事，促进全体参与主体的公平合作。同时，强调弱势主体在监督考核中的平等地位，有助于构建科学有效的产教融合内部监督体系。

6.2.5 亟须加强"双师型"师资队伍建设

一是"双师型"教师的质量认证标准不清晰。自从"双师型"教师被正式提出以来，政府也颁布了相关一系列的"双师型"教师队伍建设的政策，以增强应用型本科院校教师队伍建设的整体水平。而各省市地区、高校院校都纷纷积极响应号召，出台相对应的政策文件，发展"双师型"教师队伍，但政策中对"双师型"教师的相关定义，并没有准确的规定与定义。研究调查发现，从"双师型"教师的认定标准与程序来看，有部分院校拥有自己的相关标准，并非所有的院校都制定了相关标准。

二是"双师型"教师专业发展保障不力。"双师型"队伍承担了高校的主要教学任务，教学任务十分繁重的同时还兼具了其他非教学任务，过多的考核任务和要求，使"双师型"教师感到力不从心。在学生问卷调查中，面对"您认为学校教师的执教能力如何？"这一问题，选择"教师具有较高的专业理论素养，但缺乏实践经验"的占58.6%，选择"每个专业都有"双师型"教师的仅占8.1%。可见，大部分的受访者都认为"双师型"教师的作用发挥不理想，企业在参与学生培养环节、校企合作积极性不高。究其原因是：企业或者基地等提升专业实践能力与专业发展水平的项目，基本依靠寒暑假时间，但其时间未能达到可以真正融入企业、学习、发现问题，很难达到实践教学的效果；而且也未能及时更新一线的技术或者情报，使理论课程和实践课程之间存在隔阂，知识难以运用到实际当中，教师提升人才培养、科技研发、创新能力等受限。

三是"双师型"教师队伍的专业技能偏弱。"双师型"教师构成主要是引进招聘高校的应届毕业生为专任教师以及由于学校的升级转型之前的教师构成，并逐渐从企业慢慢引进企业人员担任专业教师。而从"学校到学校"的教师缺少专业的工作经验，即使获取相关专业的职业技能证书等技能方面的认证，其实践经验仍然欠缺。而转型前原有的教师队伍随着转型升级而逐渐通过不同途径学习，来提升专业技能、更新专业知识，但其专业技能同样受限于实践经验的不足。从总体实际来看，"双师型"教师队伍的专业技能偏弱。

6.2.6 学生参与产教融合兴趣不高

一是学生实习动力不足。学业负担过重,高校课程繁重,学生需要花费大量时间应对考试和课业,难以腾出时间参与产教融合的相关企业培训。部分高校虽已减少学生的课程任务,但学生在面临考试挂科的压力下仍会选择回避参与产教融合的相关企业培训。同时,高校缺乏对参与实习的激励措施也可能减弱学生的实习动力。学生感受不到实习所带来的明确收益或奖励,因此对实习缺乏积极性。

二是当前考研、考公学生居多。学生的就业观念可能还停留在传统认知上,认为学历是唯一的竞争优势,而忽略了实际工作经验对于职业发展的帮助,从而使得一些学生感到考研、考公是相对较安全的选择,因为这些途径可以提高他们的学历和资历,更容易进入某些职业领域,而不必立即面对竞争激烈的职场。

三是学生缺乏明确的个人发展目标。学生未能充分认识到职业规划对于个人发展的重要性,导致他们对未来的职业目标缺乏清晰的认知和规划。学生对产教融合模式了解不够深入,对其实质、价值和意义的认知缺失,未能将这一模式与个人发展目标有效地结合起来。因此,学生对参与产教融合活动产生疑虑或消极态度,对参与产教融合的积极性不高。

6.3 我国应用型本科院校产教融合、校企合作协同育人的 SWOT 分析

6.3.1 优势分析 (S)

从社会层面来看,产教融合人才培养模式的推进程度如何,与社会经济发展状况有着密不可分的联系。当前我国社会经济发展正处于转型升级的关

键时期，因此迫切需要一大批具有创新精神和开拓意识的创新创业人才。为深化产教融合、校企合作的有效运行，为社会培养全面发展的创新型综合技术人才，近年来有关部委或单独制定或联合发布系列配套政策，纷纷提供了相应的政策依据（详见前面的有关论述及图表），对于促进产教融合融入区域经济的发展和产业的创新升级，促进区域内各产业经济的核心竞争力具有积极的推动作用。无疑，这是深化产教融合的一支"强心剂"。

从企业层面来看，企业要获得长足发展，离不开高素质的技能型人才，而为社会培养全面发展的复合型人才正是我国应用型本科院校的职责所在。产教融合能够有效建立起高校与企业的有效链接，是促进二者共同发展不可或缺的关键因素。作为技能型人才培养的主阵地，应用型本科院校一直试图创新机制致力于积极为对口企业输出高质量的复合型人才，从而为企业发展提供了契机。

从高校层面来讲，在开展教育教学活动的过程中，产教融合是高校与区域企业建立联系以及进行活动交流的重要途径。应用型本科院校除了专业理论课程之外，实践培训课程更是不可缺少的，这就需要学生深入到企业去进行实践，以此加强学生对企业的生产经营活动、生产流程以及技术创新等方面的了解，为日后走上工作岗位积累一定的经验。产教融合搭建起了企业与高校之间的桥梁，一方面有利于企业加强对学生的实践指导，为企业储备优秀人才；另一方面有利于高校优化教学结构，促进教学质量的不断提高。

从国际层面来讲，"一带一路"倡议为应用型本科院校与企业合作国际化提供了多方面的机遇和助力（朱赛荣，2018）。[①] 2016年教育部印发的《推进共建"一带一路"教育行动》（教外〔2016〕46号）明确鼓励高校配合行业、企业开展境外产教融合、校企合作。"一带一路"倡议覆盖了多个国家和地区，涵盖了丰富的市场和产业，为高校与企业提供了在沿线国家和地区开展合作的机会，共同探索新的市场和业务领域。这不仅有助于学生在国际化的背景下获得更广泛的实践经验，而且为高校科技创新提供了多元化的合作

---

① 朱赛荣. 高职院校产教融合的 SWOT 分析 [J]. 当代职业教育，2018（6）：40-45.

机遇，还可以促进高校与企业文化交流与理解。

6.3.2　劣势分析（W）

一是应用型本科院校在产教融合机制方面存在实践性不足的问题。尽管许多应用型本科院校在内部积极推进产教融合，但往往缺乏深度发展，表现为短期性的努力或不规范的实践。很多合作项目依赖个人关系或校内人员的盲目跟进，而未能建立起相应的机制来支持产教融合的深入和多元化发展。如前所述，目前应用型本科院校"双师型"教师严重缺乏，虽然绝大部分教师拥有博士学位，教育经历基本上是从学校到学校，其拥有丰富的理论知识，却缺乏亲身的实践经历。况且，教材缺乏创新，教材多主要以理论基础知识为主，实践技能内容较少。加之，校企合作师资培训机制不力，实践技能进入教材的难度较大，实践技能的复杂性和多变性难以准确地在教材中体现出来。现有的教材也难以满足学生课堂上掌握实践技能。此外，由于晋级时科研比重较大，教师只注重科研，校企合作的实践教学显得重视不够。如此以往，这将会导致学校培养人才并没有根据企业需求所改变，学生学习到知识并不能有效运用在企业实习中，出现了企业人才需求与学校人才培养不匹配的现象。

二是目前在企业主动参与产教融合的动力不足。由于产教融合的政策对企业的优惠落实不到位，加之高校没有给企业带来实质性的创新和市场竞争力的提升，即便高校表现出很高的参与热情，企业的动力仍旧不足。虽然一些企业已经深刻认识到产教融合的重要性，但在实际的应用与实践中，它们并未表现出高度的积极性和主动性。受产教融合理念的影响，一些企业对其重要性有了深入的认识，但由于企业与高校在追求内容和目标上存在差异。因此，往往因为利益问题而表现出消极的态度，不愿积极参与产教融合。这种现象源于企业与高校之间在经济、业务模式等方面存在的差异，导致了双方在产教融合过程中的合作态度各异。

6.3.3 机遇分析（O）

一是数字经济开拓了应用型本科院校线上新空间，进一步实现教育价值和经济价值。高校课程教学资源可以通过线上授课途径，结合战略新兴产业优势，合理设置专业，研发专业标准，虚拟仿真教学。抓住"双循环"新发展格局中以国内大循环为主体，针对性地形成需求引导供给，适应性地开发线上课程体系，使应用型本科院校课程教学资源与企业的生产、分配、流通、消费等环节相整合，在线进行虚拟仿真实验项目。同时，企业可吸取合作学校的教学成果，完善岗位规范、质量标准等，形成的教学成果与产业新业态结合。高校的教学成果主要是关于各高校教师或者高校学生科研方面的输出，以著作、调研、研究报告、论文等形式表现出来。通过共享"线上资源包"，把应用型本科院校理念层面与产业层面有机融合，打造产教综合信息服务平台，推动相互转化，为培养优秀人才奠定坚实基础。

二是"双循环"背景下加大了建设应用型本科院校线下合作力度。在世界经济格局已然发生变化的当下，物质条件是高校办学的综合基础，也是彰显企业产业实力的重要标志。"双循环"背景下推动产业创新发展与教育优先发展，将为应用型本科院校和企业能够在产教融合过程中有更多合作空间"赋能"。应用型本科教育教学的重点任务是构建应用型本科人才培养体系，培养经济"双循环"模式需要的应用型人才，适应企业发展和区域经济发展。为实现双方供需精准对接，应用型本科院校和企业将在国家政策的举措下，加大建设"校中企""企中校"，例如"实训室""孵化园基地""创业中心"等相关平台设施，实现校企资源配置的优化和共享。基于真实业务流程和真实工作场景，开展合作教学和业务实战，打造合作发展新引擎，加大了校企合作的力度。

6.3.4 威胁分析（T）

一是存在利益冲突和合作困难的困境。毕竟产业和教育具有两种不同实质形态的运行机制，产业追求利润最大化，而教育强调文化价值观，追求的是社会利益最大化。故产业界和教育界有时候有不同的利益诉求和运作方式，这可能在其合作时导致冲突。企业可能更注重直接的经济回报，而教育机构则着眼于学生全面发展和学术研究。这些不同的目标和利益诉求可能难以达成一致，阻碍了产教融合的深入发展。

二是存在资源不足和资金压力的困境。实施产教融合需要充足的资源，包括资金、人才和设施等。一些应用型本科院校和企业可能面临资源不足的问题，这可能限制了合作的深度和广度。

三是存在文化差异和沟通障碍的现象。企业和高校存在文化差异和沟通障碍。不同的工作方式、价值观念和组织文化可能会导致合作时的误解和摩擦，使得产教融合难以顺利进行。

四是存在政策和法律约束之困境。产教融合的政策或法律上的不完善，对产教融合的发展产生负面影响。无疑，这有可能存在教育政策与行业需求脱节、法律法规限制合作等问题，这可能成为制约产教融合发展的重要因素。

6.4 我国应用型本科院校产教融合、校企合作协同育人问题的原因分析

我国应用型本科院校产教融合和校企合作问题的根本原因是多方面的，主要涉及主观和客观、高校内在和外部等多个维度。

6.4.1 产教融合相关政策与制度未及时落地生根

一是现有的产教融合相关政策与制度还存在一定的短板。如果政府的主导地位发挥不到位，产教融合必然流于形式。上级与下级政府之间的信息并不对称，下级政府并没有对相关制度进行落实，致使部分地区产教融合并没有完善的法律法规进行支撑。虽然我国"产教融合"相关内容的政策和法规约有 20 项，但是，与国外法律法规条文相比，我国法律法规条文笼统表达的

多、详细规定的少，弹性较大的原则性规定多、可操作的规则性规定少（方权益、闫静，2021）。①

二是政府提供的产学研经费较少，产教融合建设资金未能得到充分保障。通过技术合作获得研发经费的课题或者从国家、部委和省市纳入财政计划的科研拨款中直接获得经费的项目，大都集中在"双一流"大学、重点大学，而新建本科高校提供的产学研等横纵向经费较少，对本身科研能力不高的本科高校来说可能会影响产教融合工作的推进。政府对应用型本科高校建设楼房等基础设施投入不均衡，且未实现从规模扩张和设施建设向内涵建设和特色发展的真正转变。

6.4.2 应用型本科院校推进产教融合动力不足

一是应用型本科院校开展产教融合的资金短缺。尽管政府在这一进程中扮演了"第一责任管理者"的角色，但其作用主要体现在"支持""鼓励""协调"和"帮扶"方面。与此同时，院校在政府的指导下，通常将有限的资金主要用于基础设施建设如实验实训等，以及日常的财政开支。在院校自身财力相当有限的情况下，仍需要投入大量资金用于合作，例如设立技术研发项目、进行技术培训等，这在实际操作中可能变得相当困难。在产教融合平台的建设上，新建本科高校可能需要得到政府的帮扶来申报省级重点实验室、研发中心、研究基地、实践基地等产教融合平台。然而，由于资金不足，这些院校可能会面临艰巨的任务。在这种情况下，政府的支持虽然是关键的，但也需要更有力度的资金投入来确保新建本科高校能够积极参与产教融合，推动相关平台的建设。

二是应用型本科院校开展产教融合的科研实力弱。实施产教融合客观需要高校本身具有较强的科研实力，属于人才、技术、服务的"供给方"或"输出方"，保证人才培养质量与可持续健康发展，以服务企业技术研发需求

---

① 方益权，闫静．关于完善我国产教融合制度建设的思考［J］．高等工程教育研究，2021（5）：113-120.

做后盾。而部分应用型本科院校科研实力弱，科技成果少，院校参与企业技术研发与推广项目，高校则更是处于"被动地位"，缺少骨干力量、中坚力量，导致服务地方大企业大项目无能为力，不利于提高学校核心竞争力和社会美誉度。

6.4.3 企业的重要主体作用发挥不够

一是激烈的市场竞争下，许多企业更专注于提升自身的经营能力，参与产教融合的实践育人模式积极性不高。持有此种观点的企业认为，产教融合、校企合作给本企业提供的优质人才投入太大，而且有可能与本企业的发展方向不匹配，没有给企业带来实质性的核心竞争力提升，这样企业更会愿意自身培养有发展潜力的职工队伍。况且，我国中小企业众多，获得的资源有限，参与产教融合育人过程的积极性不高。在这种情况下，产教融合中企业难以充分发挥其潜在价值和作用（王文顺、尚可、高姝蕾等，2020)[1]。

二是法律约束与激励机制还不够完善，影响了企业在产教融合中作用的发挥。政府方面虽出台相关文件，但是产教融合育人模式的主体职责不明晰，相关责任范畴模糊，主体之间的联动性较弱。这就影响了企业参与产教融合的深度，企业发挥的作用不尽如人意，进而影响产教融合的有序开展。

6.4.4 学生产教融合参与程度低

一是缺乏兴趣和动机。目前产教融合的相关专业较狭窄，未能涵盖学生个人兴趣所在的领域。这可能导致学生对这一整合模式的反感，因为他们认为参与这些项目不能够满足其个人职业发展的需求和兴趣，导致他们不愿意积极参与相关的产教融合。

二是担忧风险和失败。学生担心其参与产教融合遇到问题，担心自己无

---

① 王文顺，尚可，高姝蕾，付钰婷，芈凌云．企业参与校企合作的动因与障碍分析——基于扎根理论的质性研究 [J]．高教探索，2020 (5)：14-22.

法胜任相关任务，这种担忧可能根植于学生对未知情境的不确定感，他们担心在实践中面临的挑战和问题会超出他们的应对能力。这种担忧源于对自身能力的怀疑，害怕在产教融合过程中失败而损害自己的声誉和自信心，从而产生对参与产教融合的抵触情绪。

三是学业负担重。学生将学术任务置于首要位置，因为学分和学业成绩对他们的未来职业发展至关重要。他们觉得实习和产教融合活动是可有可无的附加任务。况且，学生对产教融合的实习等活动对他们未来职业发展的实际价值感到不确定。在他们看来，投入较多时间参与这些活动是否能够带来明显的收益是一个疑虑点。

6.4.5 行业协会"指导作用"发挥失灵

我国应用型本科院校产教融合中，行业协会"指导作用"失灵是应用型本科院校产教融合、校企合作问题的又一原因。具体来说，主要表现在以下几个方面。

一是协会组织体系本身不健全。由于行业协会的组织体系不健全，管理不善，决策流程复杂，导致协会无法迅速而有效地提供产教融合的指导，影响其发挥作用。

二是行业协会与企业脱节。行业协会与实际企业运作密切不紧密，缺乏对企业实际需求的深刻理解。这种脱节导致协会提供的指导与实际产业发展脱节，从而失去对产教融合的有效引导。

三是行业协会成员参与度不足。行业协会的成员不够积极参与产教融合的实践，协会的指导作用就会受到制约，与之相对应的是也出现了企业对协会工作的不关注或参与程度不够高的情况。

四是行业标准不清晰。行业内缺乏清晰的技术和职业标准，使得院校在培养学生时难以明确行业的要求，影响了指导作用的发挥。

五是人才培养理念不一致。行业与院校一定程度上存在人才培养理念的差异，院校注重理论知识传授而行业更注重实际操作能力。这种不一致可能导致产教融合的目标和效果不尽如人意。

7. 我国应用型本科院校产教深度融合模式的构建及其路径选择

本章剖析产教融合模式的内涵，继续考察国内外产教融合模式。在此基础上，探讨产教融合模式的原则、构建程序，设计我国应用型本科院校产教融合的总体框架。最后提出我国应用型本科院校产教融合的具体路径，以促进产教融合顺利进行。

7.1 我国应用型高校产教深度融合模式的构建

7.1.1 产教融合模式的内涵

何为"模式"？《现代汉语词典》对"模式"的解释是："某种事物的标准形式或使人可以照着做的标准模式。"英语世界中的 model、mode 或 pattern 都可以译作"模式"。其中"模式"与 model 互译，比较常见。Model 一词在《牛津英汉双解词典》中有明确的解释项，其中第 5 种解释，即：可效仿的样板（something such as a system that can be copied by other people）与中文语境下的"模式"大体一致。《朗文英汉大字典》中对 model 有几种解释，其中第 5 种解释，即：可效仿的人或事物（some one or something which people want to copy because they are successful or have good qualities）与"模式"大体一致。英语语言中的"模式"都含有模仿、效仿之意思。然而，无论国内外的何种解释，"模式"都强调的是"形式"，而且是可以借鉴的标准"样式"。根据马克思主义形式与内容的关系，两者既对立又统一，所以"模式"离不开具体的"标准"内容，否则模式将会"无米之炊""空中楼阁"。

产教融合是一种新型的人才培养模式。何为"人才培养模式"？国内学者对人才培养模式的理解不尽相同。林刚、李响（2018）认为为应对社会层面对创业型人才动态复杂的实际需要，需要构建出螺旋式、立体化的人才培养体系；① 郭玉鹏、吕中元、孙俊奇等（2022）提出"三范式"和"四融合"为特征的人才培养模式；② 廖伟（2022）论述了学徒制人才培养模式与高校的人才培养质量之间的关系；③ 董启锦、王明东、周莉（2022）提出遵循高等职业教育层面国家化 T 型人才培养理念，构建"螺旋递进"式人才培养模式。④ 总体来说，人才培养模式就是在一定的教育理念指导下、围绕人才培养的目标而实施的具体教学内容、教学方法方式及其相关制度体系的总和，其实质是一种稳定的教育结构状态。既定的人才培养模式随着经济社会环境的外在变化以及高校自身内部环境因素的变化，也在动态发展变化。根据模式的概念可知，先进的人才培养模式可以学习借鉴，复制推广。

产教融合指的是产业与院校在国家政策指导下进行深度合作，进而实现双赢的一种教学模式。产教融合模式不仅要解决产业与教育为什么要融合的命题（即：why 的问题），且要破解产教融合如何融合的问题（即：how 的问题）。基于此，产教融合模式就是在实践探索和总结的基础上，破解产业与教育的异质性，克服产教融合的内在矛盾，遵循产业与教育融合的规律，构建起有利于实现产教融合目标的、相对稳定的制度体系架构（肖荣辉，2023）。⑤

---

① 林刚，李响. 高校创业型人才培养模式要素解析与转型路向——基于地方综合性大学的分析视角 [J]. 江苏高教，2018（6）：71-74.

② 郭玉鹏，吕中元，孙俊奇，徐家宁，宋志光. 三范式、四融合：化学类本科专业人才培养模式构建 [J]. 化学教育（中英文），2022，43（14）：8-12.

③ 廖伟. 基于现代学徒制人才培养模式运行机制探索——评《现代学徒制实施与评估》[J]. 中国高校科技，2022（9）：98.

④ 董启锦，王明东，周莉. 高职院校国际化 T 型人才培养模式初探 [J]. 教育与职业，2022（18）：109-112.

⑤ 肖荣辉. 政校企协同视域下应用型高校产教融合路径重构 [J]. 黑龙江高教研究，2023，41（5）：143-148.

7.1.2　国内外产教融合具体模式列举

第 5 章曾专题探讨了美日德及我国发达地区产教融合的模式。国内外产教融合模式的具体形式多种多样，林林总总。本章继续分别探讨国内外具有代表性的产教融合模式及其具体表现形式。值得一提的是，第 5 章探讨美日德及我国发达地区产教融合模式目的在于综合比较研究，落脚点在于得出有意义的经验借鉴，而本章基于国内外产教融合模式的列举，落脚点在于引申出产教融合模式的原则及路径选择。

7.1.2.1　国外产教融合模式列举

在国际上，目前存在着五种主要的产教融合模式。它们分别是德国的"双元制"教育模式、英国的"三明治"教育模式、美国的 CBE（Competency Based Education，即能力本位教育）教育模式、日本的"产学合作"模式和澳大利亚的 TAFE（Technical and Further Education，即职业技术教育）模式。这些模式代表了不同国家在产教融合方面的独特实践和经验。现分别简单介绍如下。

一是德国的"双元制"教育模式。"双元制"教育模式将企业和学校视为两个主体，共同参与教育全过程。在这种模式下，学校被视为一个主体，企业被视为另一个主体。这种模式强调了校企培训内容的差异，学校专注于基础理论教育，而企业则注重实际操作和实践技能培养。学生在完成理论学习后，成为企业的学徒，从头开始学习实际操作的技能，全程参与企业的生产过程。双元制教育模式实现了学校教育和企业实践的紧密衔接，使学生成为工人，其实际操作技能和动手能力来源于实际工作经验。这有助于避免学生出现"高分低能"的现象，同时也防止了书本知识与实际操作脱节的情况。这种整合的教育模式有助于培养学生全面的能力，使其在毕业后更好地适应实际工作需求。

二是英国的"三明治"教育模式。借用英文中的 sandwich（三明治）的食物层次性概念，来生动描述英国该模式的层次与结构。英国的"三明治"

教育模式就是"理论—实践—理论"的良性循环培养模式。该模式下，学生采用了"双身份"管理制度，即同时具备在校学生和企业员工的双重身份。这种模式下不仅使学生能够获取理论知识，还让他们在真实的企业社会中获得实践经验。该教育模式以实际需求为导向，迫使调整课堂理论学习的内容，并创新改革教学方式。学生并非首先进行理论学习，而是先在企业中学习一年的技术操作，提前对未来从事的工作或行业有一个直观的了解。接着，他们返回学校进行为期 2 年或 3 年的专业理论学习。在这个过程中，一年的企业实际工作经历能够有效促进理论知识的学习。之后，学校安排学生再次转到企业进行为期一年的实践锻炼。最终，学生将从学校学到的理论知识应用于工作实践中，并进行检验。这种教学计划被称为"1+2+1"或"1+3+1"，强调了实践与理论的有机结合，使学生在毕业后更具有实际工作能力。需要提醒的是，这样的"双身份"管理制度对于学生的适应性和学业负担可能存在一些挑战，因为他们需要在校园和企业两个环境中切换。因此，学校和企业需要密切协作，确保学生在两个身份下都能够充分发展并取得良好的学业成绩。同时，教育机构应该灵活调整课程，以确保学生在实践中获得的经验能够有机地融入理论学习中，从而实现全面素质的提升。

三是美国的 CBE 教育模式。美国的"CBE"教育模式也称"能力本位教育"模式。共模式强调学校应该围绕企业的实际需要，着重于学生的能力培养。要提高国民经济的发展速度和全体劳动者的职业素养，最根本的措施之一是提升他们的能力水平，其中实践能力显得尤为重要。CBE 以学生在社会中必备的综合能力为核心，采用多样、灵活且行之有效的教学方法，着重培养学生在特定职业或岗位中的全面素质。CBE 的教育体系的本质在于以具体岗位的实际能力为基础，积极引入业界参与，旨在培养具备适应社会和行业企业需求的职业技术人才。该体系强调学生不仅要具备充足的理论知识，更要发展高水平的综合素质。通过动态的教育方法，学生能够更好地适应不断变化的社会和行业环境，同时培养出能够迅速应对各类实际挑战的职业能力。CBE 的实施需要广泛调动行业资源，确保教育体系与社会需求相互契合，为国家培养出更具实战经验和创新能力的职业技术人才。

四是日本的"产学合作"模式。此处的产学合作是指为了培养服务于应用型人才，充分重视教育环境，学校、企业教育资源密切整合的一种教育模式。该模式强调教育与产业有机融合，高度关注协同育人。校企合作在多种形式和模式下深入发展，包括企业的投资或捐赠、校企人员的交流、技术指导、共同开展研究以及企业利用大学专利进行技术转移等方式。这些合作模式旨在实现校企双方的共赢。对于学校来说，这些合作形式解决了学生实习岗位和就业机会，同时也促进了师资队伍的建设。而对于企业而言，这些合作形式改善了企业员工的素质，提高了创新能力和生产效率，实现了教育成果向生产实践能力的转化。

五是澳大利亚的 TAFE 模式。澳大利亚的 TAFE 模式实际上就是一种"以职业能力为本位"的一种教育模式。学校所提供的课程主要是依据当地的劳动力市场需求开设的，注重理论与实践相结合，特别强调实践性和操作性，以及学生动手操作能力的培养。而行业企业也会主动全程参与教学规范、师资培训、实训基地等过程，确保该模式有效运行的动力机制与保障措施。

7.1.2.2 国内产教融合模式列举

概览国内当前应用型本科院校的产教融合实践模式，可以归纳为以下四种（柳友荣、项桂娥、王剑程，2015），[1] 现分别论述如下。

一是产教融合研发模式。该模式是一种将产业界和教育界紧密结合，共同进行研发活动的模式。这种模式旨在促进实际产业需求与学术研究的有机结合，以加速新技术、新产品或新服务的研发和应用。

二是产教融合共建模式。共建模式是指产业界和教育界共同合作共建一体化的培养体系、实践基地或研究中心，以满足产业发展对人才的需求。这种模式强调产业和教育的紧密结合，使教育培养更符合实际职业要求。

三是产教融合项目牵引模式。该模式通过产业界和教育界的合作，借助特定项目来促进产业发展和人才培养。这个模式将教育资源和产业需求有机结合，利用项目开展实践性学习和研究，以推动产学融合和双方的共同发展。

---

① 柳友荣，项桂娥，王剑程. 应用型本科院校产教融合模式及其影响因素研究[J]. 中国高教研究，2015（5）：64-68.

四是人才培养与交流模式。该模式是一种将产业界和教育界紧密结合，共同参与人才培养和交流活动的模式。这种模式旨在通过实际工作经验、专业技能培训和产业导向的学习，培养符合产业需求的高素质人才。

现将四种典型模式比较如下。如表7-1所示。

表7-1　　　　　　　　　四种典型产教融合模式比较

模　式　类　型	适　用　条　件
产教融合研发模式	适用于校企双方都缺乏创新能力，但是存在较强的优势互补效应和抗风险能力的校企合作模式
产教融合共建模式	适用于学校缺乏资金支持、缺乏重点实验室、研发基地和人才培养基地，需要建立各级研发中心或各级重点实验室来解决企业难题的校企合作模式
项目牵引模式	适用于校企双方缺乏科研动力，需要国家和地方政府给予服务地方经济社会发展的重大课题项目和国家重大项目，以项目促发展的校企合作模式
人才培养与交流模式	适用于高校教师在企业挂职，企业从业人员在学校承担部分教学任务或者与学校建立了长期的教学合作关系，急需提高师生的实践能力和创新能力的校企合作模式

综上，国内外产教融合人才培养模式都普遍强调：产教融合都需要理论与实践相结合；产教融合都需要协同创新；产教融合都需要制度保障体系。

7.1.3　产教融合模式构建的原则

为解决政府推力不足、企业积极性不够、高校自身存在短板、行业协会及其他组织角色缺失的问题，新的产教融合模式需要不断创新，但是无论如何创新都要遵循如下四个原则。

一是要坚持育人为本。培养符合产业高质量发展和创新需求的高素质人才是当前产教融合急需解决的首要任务。种树先种根，育人先育德。习近平总书记在关于社会主义办学方向的讲话中提到，需要对应用型教育进行定位优化，深入推动产教融合和校企合作，全面推进育人模式、办学模式、管理体制以及保障机制的改革。这一系列措施旨在加强院校教育的适应性，加速构建现代化教育体系，培养更多高素质技术技能人才、能工巧匠，为培育大国工匠作出贡献。高校被视为科技创新的重要力量，因此需要创新人才培养机制和教育方法，以培养更多适应时代需求的合格人才和创新人才。办好高等教育不仅关系到国家的长远发展，也直接关系到民族的未来。为实现"两个一百年"奋斗目标和中华民族伟大复兴的中国梦，我国高等教育需要紧密围绕这些目标，源源不断地培养出德才兼备的优秀人才。

二是要坚持产业为要。产业是国家发展的根基。产业的更新迭代不仅仅取决于行业的发展和管理思维的攀升，更重要的还是需要有对口的院校及时向企业输送对口的人才以迎合行业的发展。借助院校在专业领域的显著优势，通过科学定位人才培养目标，致力于构建与产业深度融合的专业体系，以更好地提高人才对经济高质量发展的适应性。着眼于凸显高校在科技创新人才培养方面的集聚优势，强调建设"产学研用"体系，以体系化的设计增强在服务产业发展方面的支撑作用，推动经济实现转型升级并培育新的经济发展动能。

三是要坚持平等互利原则。根据市场经济的规律，企业和院校可以相互补充优势，实现互利共赢、合作共同发展。企业可以通过与院校合作办学，从中获得利益，而这种合作也将成为学校可持续发展的动力（见图7-1）。对于企业而言，通过与学校合作，他们可以借助院校的专业知识、人才储备、信息资源、人力和技术等优势，以增强自身在市场上的竞争力。同时，这种合作也满足了企业对员工多样化培训和终身学习的需求。对学生来说，通过在企业实习和实践中，他们能够提升自己的技能，为企业创造价值。而对教师而言，这种合作让他们将企业视为科研项目和研究成果的孵化基地，作为提升自身水平的平台。他们可以参与产品开发、科研项目立项，从而提高自己的科研和教学水平。

四是要坚持协同创新原则。马克思主义认为，创新涵盖科学、技术和制度三个层面，它们之间相互关联密切。创新不仅是经济范畴，更是科学领域

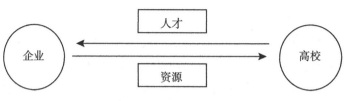

图 7-1　校企双方相互所需

的术语。它特别强调了科学创新与实际生产之间的紧密联系，强调任何科学进步最终都要在生产实践中应用，成为真正的生产力。我们应当鼓励高校、地方政府、行业协会和企业等充分发挥主体作用。致力于加强区域内产业、教育和科技资源的整合规划，促进部门间的协调合作，推动共建共享、联合管理，致力于资源共享，积极探索"校企联盟""校园联盟"等合作办学模式。这种模式的目标在于实现院校的可持续发展，并侧重于内涵式的创新。通过各方协同，能够促进知识、技术和制度创新的融合，推动产学研用结合更加紧密，使得院校的发展更具有创新性。

7.1.4　产教融合模式的构建程序

总体来说，产教融合协调发展模式就是在遵循产教融合的原则下，校企双方在利益得到明确保障之后形成的一种长期合作、共建共赢的教育结构状态，从而推动教育与产业相互协调发展的良性模式。产教融合发展模式多种多样，并不代表产教融合发展模式没有规律可循，这种规律除表现在上述基本框架所反映的模式内在机理的一致性外，还表现在协调发展模式构建或探索过程的一致性（熊德平，2009）。① 方法论意义上的协调发展模式构建程序，如图 7-2 所示。

一是在产教融合协调发展的原则下，根据协调发展系统的环境发展条件和协调发展系统的层次，确定产教融合协调发展的具体目标。

---

① 熊德平．农村金融与农村经济协调发展研究 [M]．北京：社会科学文献出版社，2009.

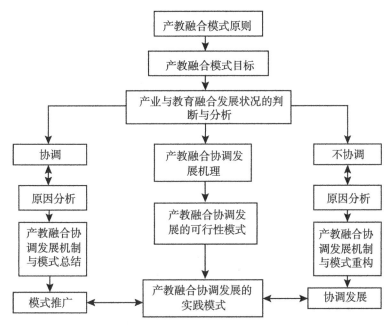

图 7-2 产教融合协调发展模式的构建

二是依据产教融合协调发展机理,通过对产教融合框架进行分析,判断产教融合关系中政府、院校和企业的关系状况是否协调。

三是如果协调,则维持原有体系运行状态,总结、分析协调的原因或经验,在实践中运用和推广,进而形成具体的实际运行方案,丰富理论模式,并为产教融合的协调发展对策提供依据。如果不协调,则同样要分析原因,依据产教融合相关理论与实践模式,进行机制与模式重构,并接受实践检验,直至实现产教融合的协调发展,进而形成实践模式,丰富理论模式,进而为产教融合协调发展对策提供依据。

四是重构协调发展机制与模式,在目标明确的基础上,首先,要判断协调发展的环境条件,确立协调发展的原则;其次,分析协调发展存在的系统问题;再次,确定协调发展的内容;最后,选择协调发展的路径及重点方向。

五是通过制度设计,建立产教融合协调发展模式的运行机制。

六是对产教融合协调发展状况进行评估,进入下一轮协调发展循环。

7.1.5 产教融合模式构建的总体框架

为了应对当前应用型本科院校产教融合模式中存在问题，新的产教融合人才培养模式急需构建。本书认为，产教融合模式的总体框架构建为：政府、高校、产业组织形成合力，构建双向赋能的引进机制，打造基于需求为导向的"产教"融合联盟共同体。

一方面，开展教育要以学生为中心，要以学生的需求为导向。在当前产教融合的发展推进过程中，教学内容与产业实际需求脱节的问题普遍存在。学生的学习内容与实际脱轨，课程的传授形式以讲解为主，未能让学生形成身临其境的实践经验，这致使学生在毕业之际达不到企业的用人标准，导致巨大的就业压力。培养过程中既要注重学生的个体性差异，也要满足市场对学生的需求。处理好学生与市场之间的关系对学生和企业都具有积极意义。根据学生的专业背景、性格、爱好、个人意愿等方面的差异性，精细化设计教育课程，因材施教和差异化教学。深入了解高校学生对产教融合的实际需求，根本上解决学生在学校学习的知识缺乏实践性与特色而且在实务中需要二次培训的难题，对提升产教融合深度有不可忽视的意义。

另一方面，不仅要满足学生的需求，还要根据市场需求进行调整。在构建产教融合联盟共同体的过程中，要积极迎合人才市场的最新需求，根据人才在劳动力市场上的不同需求，及时改革教育方法调整培养方向。通过开展相关实践类课程，如案例大赛、创业实践、科研立项等使学生从市场需求的角度出发思考问题，着手于实务实训和仿真实验，让学生尽早接触与时俱进的实操和技术，避免让学生面临"毕业即失业"的残酷局面。同时要修改当前机械的实践方式，丰富学生"第二课堂"的内容，让学生根据自身需求投身到社会实践中去，既满足学生在实践中提升学习效率的需求，又满足企业降低员工入职后的培训费用的需求，提高产教融合的深度。

因此，这个共同体遵循"合作主体利益共赢"的政策价值取向，围绕"平衡利益相关者利益"的政策设计目标，校企合作中院校、企业、教师、学生等利益相关者组成了不同的利益团体，各利益团体间的合作对于校企合作

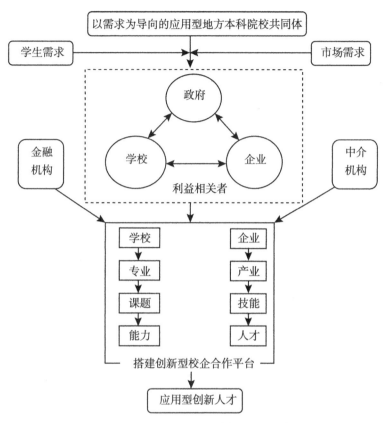

图 7-3 以需求为导向的产教融合联盟共同体框架

成败至关重要。政府在体系中扮演的是规则制定者、统筹者、项目资助者、指导者、激励者、推动者的角色,在社会层面进行宏观调控;院校与企业共同搭建创新型校企合作平台,企业为学校提供资金、设备、实践基地,在平台上发布行业转型需要的技术和人才,院校根据企业的需求进行课程设计、人才培养方案设计、就业方向设计,通过搭建特色班级、实验实训基地和实践教学基地让学生在学习书本知识的同时有机会接触到实操;开展综合创新实训拓展项目、让有实践经验的企业职工作为实践老师参与到院校的教学活动中来,帮助学生掌握实际操作知识提升实践能力。学生毕业后根据自己的专业和方向选择对口企业,企业也可以通过院校提前录取合格的学生。中介机构和金融结构在体系中起着监督的作用，为校企合作项目提供可行性论证、技术咨询、风险评估、前景预测等有价值的信息，并且推动高校技术成果商业化与市场化。整个框架的设计都是基于需求为导向。既满足了学生对知识的渴望，又让学生通过学习提高了自身在劳动力市场上的竞争力；既达到了高校培养大国工匠和高素质技术人才的目标，又提高了学校的整体形象，为日后招募更加优秀的学生奠定了基础；既缓解了企业高质量应用型人才紧缺的问题，又为日后企业的转型升级和持续创新提供了保障。

7.2 我国应用型高校产教深度融合的路径选择

我国应用型本科院校产教深度融合的路径选择主要包括以下若干方面。

7.2.1 完善校企治理结构，保障校企合作的顺利推进

由于高校和企业以往的管理体制存在诸多局限和漏洞，例如不同权力会集中在少数人或者个别机构中，因此完善和优化高校和企业的内部治理结构势在必行。完善校企治理结构通过对多方遵循的制度进行优化，对治理手段加以改进，从而更加合理地配置各方的求索权和控制权，更好地协调利益相关者之间的权责关系，使得校企之间平稳的合作得到保障（谢笑珍，2019）。① 完善校企治理结构有以下路径。

首先，完善规章制度，达成各方共识。现有的规章制度在校企治理结构方面的规范性、强制性、执行性远远不够，政府应该充分发挥校企治理结构中的组织协调功能，健全相关的规章制度，明确校企治理结构中各利益相关主体的身份与权责关系，引导各利益相关主体形成校企合作治理的共识，以制度为先导打破校企跨界合作的坚冰，引导校企合作有序运行。

---

① 谢笑珍.“产教融合”机理及其机制设计路径研究［J］. 高等工程教育研究，2019（5）：81-87.

其次，健全治理机构，全面指导工作。校企合作治理机构人员构成涵盖政府相关部门主要负责人，以及行业、企业和教育领域的实践专家，由此可以建立院校、企业、政府等多方参与的治理结构。就高校而言，成立"校企合作治理指导机构"，该机构由高校领导及部门负责人组成，全面指导协调校企合作各项工作，各个板块的工作由一名或几名领导具体分管，并设专职校企合作人员，行使上传下达诸多方面的协调工作，全面推进校企合作工作的进展。

最后，分清主次关系，畅通协商渠道。校企治理结构的多个主体各具特色和优势，除了明确他们的定位和职责外，还要进一步分清治理结构中的主次关系，避免出现政府、高校、企业等治理主体权力边界不清的问题。畅通协商渠道对于完善校企治理结构也至关重要，建立和完善协商机制、及时解决治理过程中的信息不对称及诉求不一致等问题有利于协商更为通畅，也有利于校企合作的顺利推进。

7.2.2 建立校企合作利益共享机制，企业深度参与人才培育全过程

校企合作是一种充分发挥校企彼此的优势、实现协同性、具有操作灵活性的应用型人才培养的绝佳模式。在此种模式中，院校在文化知识教育方面充分发挥其长处，增强学生的知识储备、提升学生的思维能力，企业在职业技能训练方面也完全发挥其优势，形成学生的专业素养、培养学生的实践动手能力。校企合作可以给学校和企业两方彼此都带来很大的好处，建立校企合作利益共享机制有如下诸多路径。

一是校企一体，产学协作，共建校内实训基地。采取校企联合、协同创新的方式共建校内实训基地。该基地在校内模拟企业的实际工作环境，加强学生的实际操作能力。该基地作用发挥好坏的关键取决于由企业工程师、技术人员、管理专家等组成的兼职教师队伍是否充裕，是否能将生产第一线涉及的新技术、新规范契合到校内实践教学。该基地建设措施有利于院校彰显其办学特色，突出其专业学科的优势和作用，按社会和企业的需求培养人才。

二是建立校外实习基地。积极建立新的、稳定的和专业的校外实习基地将使校企的对接更加密切，聘请优质实习指导教师，向学生传授实践技能，充分发挥学生"干中学"。关系良好的稳定校外实习基地搭建校企合作桥梁，不仅有利于院校的实践型专业人才培养，还有利于企业提高其人才选拔效率和缩短企业新员工培养周期。

三是校企共建研究中心，合作开发，共同推进科技创新。院校和企业相结合共同建立研究中心，以具有法律约束力的契约为保证，共同开发，优势互补，利益共享，风险共担。学校将开发项目作为重点项目实行专项跟踪，让学生有更多的机会参与研发过程和实践活动，确保项目的顺利实施，从而达到提升企业技术创新能力和高校人才培养质量的目的。

四是融入企业开展服务，实现资源共享。校企合作按照资源共享的原则开展，具体措施如下。包括为高校充分利用在人才、设施方面的优势，提供合作企业所需的人才培训，为合作企业免费提供图书阅览、文体活动场地及用具等，还包括院校实训室全面向合作企业开放，在实验方面为合作企业予以相关的优惠。此外，在互联网高度发达的今天，构建一站式的"互联网+校企合作"信息服务平台，搭建信息交换枢纽，在网站上宣传高校的办学特色、人才培养模式、课程设置、教学资源库、实习实训管理平台以及合作企业的综合实力、主营业务、技术人才、专利技术等，合作的企业也可以将自己的校企合作愿望及需求及时通过平台反馈出来，加强校企方面的沟通，有助于校企无缝对接。

五是开展校企人才交流，实现互利共赢。一方面，企业指派实践经验丰富的行业专家和技术能手到高校任教并承担不少于规定学时的专业课教学任务，以满足高校产教融合教学需求。另一方面，高校指定相关专业的教师到企业进行阶段性工作，负责学生在企业的实习管理工作，并在加强企业科技创新和掌握核心技术等方面，给予支持与帮助，助力企业发展。

六是加强制度建设，推动企业深度参与。国家应制定与校企合作利益共享相关的准则、实施细则等制度，加强对于校企合作各方的利益保护和权利义务规定力度，使得校企合作往更深层次方向发展；还需建设相关激励机制来推动企业深度参与人才培育全过程。

7.2.3 准确定位专业设置，形成真正反映企业需求的课程体系

专业是学校人才培养工作的具体实施的载体。专业及其专业人才培养目标定位反映了学校的办学思想和特色（和震、李玉珠、魏明，2018）。[①] 准确定位专业设置，形成真正反映企业需求的课程体系，对于推进我国应用型本科院校产教深度融合至关重要，其具体路径有如下几方面。

一是准确定位自身发展道路，提高专业的市场适应能力。许多高校对自身的定位是综合全面发展，于是走综合性的发展道路，除了原本的特色和优势专业之外，开办了许多新兴专业，但由于硬软件条件有限，原本的优势专业没有在其发展道路上随着市场形势的变化得到改进和优化，新兴专业也由于师资缺乏和经验不足等原因无法很好地发挥其作用。因此，高校应对自身发展道路准确定位，延续其原本优势专业的优势地位，根据市场形势的变化不断调整和改进专业的教学模式和课程设置以提高其市场适应能力，在此基础上，如果师资力量足够，再适当开设新兴专业。

二是建立差异化的专业设置。目前各个高校的专业设置最大的缺陷就是有较大的雷同性，差异化发展做得不够，使得培养相同专业人才规模过大，而且在同一所高校中同一大类专业下的分支专业的课程设置大部分重叠，导致掌握同一种专业知识的人才数量众多，远超企业需求的这类专业人才数量，但是同时也存在较冷门专业的人才数量供给远远不足、远低于企业的需求数量的现象，这对于高校来说会造成教育资源的无效供给和整体教育效率低下。因此，降低专业设置同质化程度对于提升教育效率和教育质量有极大的作用，有助于形成真正反映企业需求的课程体系。

三是减少专业设置的滞后性带来的影响。专业设置的滞后性主要体现在以下两方面：首先，高校设置的部分专业培养出的人才适用的岗位是企业逐渐淘汰的，但企业急需的朝阳专业的新型技术人才高校却无法大量供给。其

---

① 和震，李玉珠，魏明. 职业教育产教融合制度创新［M］. 北京：科学出版社，2018.

次，高校即便意识到专业设置的落后性及不足，但由于调整成本高、师资团队人员缺乏、工作量巨大和课程调整程序复杂等原因导致改进和优化工作经历时限较长，很可能造成专业的改进和优化工作跟不上市场就业形势和企业人才需求的变化。为了减少滞后性所带来的影响，应减少被淘汰专业的开设，增加朝阳专业的开设，并应通过增加师资团队力量、简化课程调整程序等方式尽量缩短专业设置改进和优化的时间。

四是要做好市场中企业人才需求的调研、分析和预测。高校应结合地方经济发展的特色、空间布局特点，对现在及未来的企业整体人才需求结构和需求数量进行充分调研和可靠性分析，并及时动态调整。需要注意的是，高校在调整现有专业设置上更应当关注未来的专业人才需求，着眼长远，这样更有利于准确定位专业设置。

五是制度规划，突出重点。首先，由于准确定位专业设置必然是一项历时长、极其复杂并极具挑战性的工作，做出正确的规划，在规定的时限里积极保质保量完成任务极其重要。因此，必须先建立健全新专业的申请和论证制度，以保证专业设置的科学性和合理性，在此基础上建立专业规划引导机制。其次，在定位专业设置中，不要乱撒胡椒面，而应该根据专业建设实际及产业发展趋势，有的放矢，重点打造有影响力的特色专业、优势专业。

7.2.4 深化"工学结合、校企合作、顶岗实习"的人才培养模式改革，推进校企对接

"工学结合、校企合作、顶岗实习"的人才培养模式强调要在校内模拟企业生产环境、建立实训基地甚至将学生直接安排到企业的相应岗位中，使学生在不同于课堂知识教学的真实实践环境中锻炼专业技能实践能力，更早地接触真正的职场和专业的职场人打交道。其具体措施有如下几点。

第一，发挥政府宏观调控的能动作用。政府在推动高校教育人才培养模式的改革中扮演着至关重要的角色。改革需要得到政府的全面支持。政府应当充分考虑到新型教学模式的特点，例如"工学结合、校企合作、顶岗实习"，并相应制定相关政策和法规，以确保院校和企业间的合作合法有序，为

双方的利益提供保障。政府可以在这一进程中充当桥梁角色，指导和监督院校和企业的合作，制定评价机制，并对在合作中作出重大贡献的优质院校和企业给予奖励，从而增强双方合作的动力。另外，政府可以通过增加财政支持，着重在实训室建设、提升教师福利和社会地位等方面对高校进行支持，以体现对高校的重视。同时，加强产教融合的宣传力度，鼓励优质企业与院校进行合作，共同为培养高技能型人才贡献力量。这些举措有助于确保新教学模式的顺利推行，并为培养出更适应现代社会需求的人才提供更有力的支持和保障（胡勇军、栾志慧、杨波等，2023）。[1]

第二，校企双方签订合作协议，修订专业人才培养方案。院校和企业要达成合作意向，真正引导合作行为，就必须以校企双方平等自愿、充分酝酿为必要条件，在此基础上才能就有关事宜进行协商，最后签订合作协议。协议内容应该充分体现彼此的责权利，主要包括：实习实训岗位的设置、指导教师的配备、学生管理细则、工作报酬的商定、实践考核内容等具体条款。该人才培养模式倒逼校企双方不断修改和优化人才培养方案，以凸显与适应工学结合、校企合作、顶岗实习培养模式下的"工作与学习"两者的结合。因而，该人才培养模式为兼顾理论与实践的结合，融教、学、做为一体的教学模式（毛伟霞，2020）。[2]

第三，以学生为主体，以实践能力培养为重心。在该人才培养模式中，强调学生的主体地位，强调对学生专业实践能力的培养，让学生在工学结合、校企合作、顶岗实习中应用和发现理论知识并意识到理论知识学习的重要性，同时也让学生在理论知识的学习中思考如何解决实践工作中遇到的难题，这样便可以更好地将理论知识和技能实践有机结合，使得培养出的学生更具有专业竞争能力和不可替代性，成为综合型技术人才。

第四，主动与企业合作，寻求利益共同点。孤掌难鸣，故高校应该以自己的专业特色为基础，以充分调研和论证为前提，积极主动与企业、行业合

① 胡勇军，栾志慧，杨波，赵红．"教学做"一体化教学模式在职业教育中的应用研究［J］．吉林省教育学院学报，2023，39（3）：51-55.
② 毛伟霞．应用型本科师范院校顶岗实习质量保障体系探究［J］．教育与职业，2020（4）：80-85.

作，选择合作意向较大、合作匹配性较强、有较高的行业美誉度的企业作为合作单位。这样的合作企业既有为学生提供实习实训的足够工作场所的客观能力，也具有内在的驱动力和学校一道共同实施人才培养工作。"工学结合、校企合作、顶岗实习"的人才培养模式能否有效发挥的关键还要看该人才培养模式是否建立在双方利益的结合点上，如果没有利益为支撑点，犹如空中楼阁。因此，彼此积极沟通，充分发挥合作共赢的积极性，建立利益共享机制显得尤为重要与紧迫。

第五，设法解决合作困难，满足企业合理性要求。高校和企业在对接过程中就培养成本、培养场所、培养方式等问题发生分歧时，应尽力设法解决问题，将合作对接工作作为重点工作推进，而不应形成双方僵持的局面，以避免影响双方合作的意愿和能力。此外，在"工学结合、校企合作、顶岗实习"的人才培养模式中，高校不应把自己放在绝对权威的教学主导地位，对于企业提出的教学合理性要求应尽量满足，形成校企和谐教学的局面。

7.2.5 积极探索技能型人才的系统培养形式，加强实践教育

探索技能型人才系统培养制度和形式对于推进产教深度融合具有重要作用，其具体路径有如下几个方面。

第一，吸取发达国家的技能型人才教学经验。发达国家在技能型人才教育方面有以下几个特点：首先，政府高度重视技能型人才教育的发展，技能型人才培养在发达国家具有崇高的地位并拥有战略之重要性；其次，发达国家凭借独特的办学机制和新颖的教学形式，并以此确保培训专业的多种化、培训渠道的多元化、培训实践的灵活化、培训对象的广泛化及教育机制的创新性等，使得技能型人才培训深入贯彻到教学机构中去；再次，强调产学结合原则，突出实践活动和理论知识结合的重要性；最后，发达国家对于技能型人才教育进行立法保障和资金支持，发达国家依法治教并给予足够的教育经费来保障技能教育的发展。发达国家的以上特点都值得高校学习和借鉴，高校应积极吸取经验来探索技能型人才培养的制度创新。

第二，探索并建立符合我国国情和高校发展特色的技能型人才培养制度

和具体形式。在吸取发达国家教学经验的基础上，不仅要立足我国国情，因地制宜地探索技能型人才培养制度，还要在分析各高校的背景、所处地域、综合实力的基础上，因校制宜地提出技能型人才的培养形式。例如，现代学徒制我国在 2014 年被推崇出的现代人才培养制度。该制度采用校企双重主体育人的方式，以"学生""学徒"双重身份为前提，通过校企深度交流，以规范化的企业课程标准、考核方案等联合对学生进行技能培养。这种制度既体现了校企合作的深度融合，强化了实践育人的观念，又有利于促进行业、企业通过参与人才培养全过程，实现专业与产业、课程内容与职业标准的对接，提高专业人才培养效率和市场适应性。因此，深化现代学徒制有利于既好又快地培养专业人才，及时满足市场的需求。

第三，树立技能型人才培养目标，明确相关责任人分工。以提高实践技能、强化实践育人为目标导向来探索技能型人才系统培养制度和具体形式，并应明确相关责任人的职责分工，避免出现部分责任找不到归属人的现象。

第四，制度应全面完善，形式应符合需要。首先，应避免制度中的整体培养方案泛化的现象，尽量完善其中的具体细则条款，使得技能型人才培养在实施过程中有可依据的规范性条款；其次，技能型人才培养的形式不仅要符合高校人才培养目标的需要，也应符合企业对员工技能的要求，并应随着教育和市场的发展，不断改进和优化技能型人才培养形式，使之最大限度地发挥其优势作用。

7.2.6 推行学做一体化教学模式，转变培养方式

推行学做一体化教学模式，是指教育者在使用多样化的教学方法和手段的基础上，以合理精简有序、符合市场人才需求和企业岗位技能需求的教学内容为重点，将理论教学和实习教学融为一体，使得学生的专业知识储备和专业技能实践能力同步得到增强和提升的一种教学模式。推行此模式的具体路径有如下几点值得关注。

第一，调动学生的主体参与积极性，强化学生在学习中的参与作用，以学生自身的发展为核心。在学做一体化教学模式中，学生不再是接受书本知

识的被动灌输者，而是主动去运用、探索和发现知识的学习者，学生在学习态度上应主动积极、在学习方式上应以自主实践探索为主，同时，教师是学生的引导者和合作者，和学生一起探讨实践中遇到的难题，并适度地点拨和指导学生。这种模式有效地转变了传统教学模式中教师处于绝对的主导地位、学生被动应付学习的局面，极大地提升了学生的学习兴趣和动力。

第二，从场地上保证教学一体化教学模式的实施，将实训教室和授课教室合二为一，将理论授课教室与实训教室合为一体，进行理论实践一体化教学；或将课堂教学搬到实训室进行，实现教学做三者一体化；又或者通过教学场所的转变及加强基础设施建设，从场地和设施上保证学做一体化教学模式的实施。也可以通过教师在上课前根据课堂特色对模块教学内容进行合理设计，并通过边讲课、边演示、边指导的方式教学的方式推动讲课内容和实践的一体化，学生在课堂上边学习、边动手、边提问，形成"边教边学、边学边练、边练边做"的人才培养模式，通过反复地教、学、练、做，实现课堂理论教学和实践技能培养过程的融合，达到培养学生专业技能的目标，打破理论课和实训课的界限，缩短了整体授课时间。

第三，通过教材内容上的创新，确保该模式的有效运行。教材是教学内容的有效载体。为了适应社会发展和企业运行的需要，必须重新制订教学大纲和教学计划、开发一体化教材。为确保教材的学术性，并且使其和实际情况紧密贴合。开发教材要做到理论与实际并重，既要在目标观念上有所变革，也要在内容或方式上有所创新，并结合高校和学生的定位，根据各自的专业特色，以应用性为导向，因地制宜地开发创新型教材，切实解决实际问题。

第四，采用小班教学，推行因材施教。首先，由于学做一体化教学模式的特征决定了需要师生互动进行探究式学习，小班制度中融洽的师生关系有助于提高学生的思维开放程度，且有利于组织实现多样的学习形式，提高教学质量。同时，相较于管理中大班的教师，小班教育的教师有足够的精力优化班级管理和指导，结合班级特色开展有助于提高探究性学习的效率和质量的特色学习制度。其次，小班有助于推行因材施教，相对于大班教学，由于班额缩小，教师会有更多的时间来分析学生的学习和探究特点，做更为细致的个别指导，除此之外，小班教学更有利于采取多样化的教学模式，由于人数较少，可以照顾到班级内学生之间的差异，及时调整教学进度和内容，提高教学质量。

7.2.7 完善教师队伍培养和评聘机制，培养高质量"双师型"教学团队

在实现产教深度融合过程中，教师队伍发挥至关重要的作用。完善教师队伍培养和评聘机制有助于建造一支结构优化、师德高尚、理论知识丰富、专业实践能力卓越的高水平、高质量"双师型"教师队伍。

第一，建立和完善教师队伍建设的体系和机构。由于教师队伍建设完善的至关重要性，必须设立详细的建设完善原则和规定，还须建设专门的机构进行管理组织相关工作，并有监督机构来跟踪工作全过程和及时发现解决问题。

第二，为教师提供学习进修的渠道。鼓励和支持教师学习进修、自我提升，教师进修的内容不仅包括知识理论，还包括技能实践，在不断提升知识储备的同时，也持续增强专业实践技能，这不仅对教师当前的工作有益，也为他们今后的发展奠定了坚实基础。

第三，加强教师师德师风建设。教师自身学识和能力的提升固然重要，师德师风等品质方面的修养也不可或缺，教师应热爱国家、热爱工作、热爱学生，还应树立正确的教育观、增强职业责任感和发扬优良的学术风气。

第四，优化教师聘用机制。传统的教师聘用是终身制的，很容易使教师安于现状，阻碍教师团队的创新与发展，应对其进行完善和优化，增强教师团队的综合实力及创新发展能力，此外，传统的教师聘用更注重教师的学历和学术成果，而较少注重其专业实践技能，阻碍了教师团队实践能力的发展，为解决这一问题，可以从企业引进一些高级专业技术人才进入教师团队。

第五，完善教师考核评价机制。传统的考评机制在工作量及工作质量方面科学合理的考核指标欠缺，且对实践工作量及质量关注太少。因此，应制定科学合理的考评标准，不仅考评教师的理论知识水平，还应考核教师的实践技能水平。

第六，完善教师队伍培养和评聘机制的目标是建立"双师型"教学团队（隋秀梅、高芳、唐敏，2020）。①"双师型"教师在此是指具备相应的实践经验或应用技能的高校教师，如"双证"教师或"双职称"教师，即"教师+中级以上技术职务（或职业资格）"，又如"教师+技师（会计师、律师、工程师等）"。除此之外，"双师型"教师还应具备以下几方面素质：一是有良好的职业道德和职业素质，具备作为教师应有的师风师德和教学知识储备及职业实践能力；二是具备较好的交流沟通能力及协调能力，不仅能在校内与管理者、合作者、学生进行交流沟通来有效解决实际工作问题，还能在企业与其中的从业人员协调沟通；三是具有组织管理能力，不仅需要在校内组织学生进行知识传授活动和专业实践活动并进行班级学生管理，还需要掌握企业管理知识、具备企业工作组织及管理能力；四是具备创新和与时俱进的意识及能力，这是因为教师教学的重要活动是引导学生探索新的知识理论和进行创造性的实践活动，教师自身具备创新和与时俱进的能力才能更好地引导学生开展学习。由具备以上素质的"双师型"教师组成的以提高教学质量和教学效率的整体，可以称之为"双师型"教学团队，在建设"双师型"教学团队时，我们应注意：一是应准确理解"双师型"的内涵，以其真正内涵思想来指导实践；二是教师应具备与其教授专业相关的职业资格，并具有真正与之相关的实践经历及专业技能；三是严禁教师在获得职业资格方面弄虚作假，严禁破坏学术及行业风气。

7.2.8 综合考虑学生需求，提升学生参与产教融合积极性

学生作为产教融合的主体之一，其参与产教融合的积极性不可忽视。为有效提升学生参与产教融合的积极性，有以下几点路径选择。

一是高校加强就业指导。高校提供更多关于实习经验对就业的积极影响的案例和数据。同时，加强就业指导，向学生明确实习与职业发展的紧密关

---

① 隋秀梅，高芳，唐敏．"双高"背景下高职院校"双师型"教师教学创新团队建设研究［J］．中国职业技术教育，2020（5）：93-96．

系，以打破他们对于考研、考公的传统认知。

二是明确职业发展目标。高校可以开展职业规划和发展课程，帮助学生更清晰地了解自己的兴趣和优势，进而明确职业发展目标。提供实习与职业规划相结合的指导，使学生认识到实习是实现职业目标的有力途径。高校可以通过开展行业讲座、企业文化周等活动，增强学生对职业市场的了解，引导学生认识到实际工作经验同样是一种宝贵的资产。

三是减轻学生学业压力。高校可以通过优化课程设置、调整考试安排，以及采用更灵活的学业评估方式，减轻学生的课业负担。引入弹性学习安排或在线学习方式，让学生更灵活地安排时间，参与实习实践活动，同时保证学业的顺利进行。

四是建立激励机制。高校和企业可以共同制订实际可行的产教融合计划，使学生能够在实践中发现自己的兴趣和擅长领域，并将这些发现与个人发展目标相结合。同时，提供对参与产教融合的激励措施，例如奖学金、荣誉证书、企业合作机会等，以增加学生的积极性。

7.2.9 加强信息化管理，建立第三方人才培养质量评价制度

实现管理现代化的过程中，信息化管理扮演着关键的角色。这涉及将现代信息技术与先进管理理念有机融合，以改变传统的管理和组织方式，从而提升效率、增加效益，以增强组织的竞争力。

第一，建设远程互动学习平台。远程平台能实时传送企业的真实工作场景，让学生在教室就能时刻看到企业的真实工作环境和从业人员的工作方式。

第二，建设虚拟实训平台。虚拟实训平台通过模拟真实的企业环境和生产过程来增强教学过程的真实性和参与性，学生在平台中参与仿真的生产过程，在做中学，切实提高实践能力。

第三，加强高校信息化基础设施建设，提升高校现代信息技术标准，加快数字化转型发展，构建数字化治理新生态，建成高校教育数字化公共信息资源服务体系，提升教育教学、管理、科研以及教育决策的信息化水平。

第四，建立第三方人才培养质量评价制度对于推进产教深度融合也是至

关重要的。第三方评价（即社会评价）的主体依据相应的原则和标准，通过一定的程序和步骤，采用各种评价方法对高校培养的人才的各种能力和素质进行评价。一般来说，第三方主体主要有：各级教育行政部门、教育研究机构、行业协会、用人单位、学生、家长。具体实施路径如图 7-4 所示。

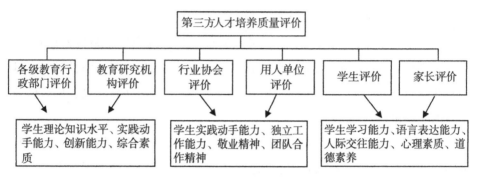

图 7-4　建立第三方人才培养质量评价制度的具体实施路径

7.2.10　构建产教融合文化共同体，激发主体活力

与以往的产教结合不同的是，新时代的产教融合共同体在文化内涵上应该是应用型高校更高层次的包容性整合贯通，体现了教学与产业的有机结合，是产教关系成果的高标准化和必然结果。构建产教融合文化共同体通过构建一体化的文化氛围，充分激发学校、院系、教师、学生的实践创新活力（王胜军，2020）。① 产教融合文化共同体的构建有以下主要路径。

第一，应加强产业与教育、校企之间的多方融合。多方深度合作是构建高校教育产教融合文化共同体的核心突破口。首先，为了深化教育与产业的密切结合，各级地方政府需将这一深度融合纳入其经济发展规划中。这一举措有助于推动区域内高校教育与本地支柱产业、优势产业的升级，同时满足特定产业的转型需求，致力于培养技术技能人才。为实现这一目标，必须创

---

① 王胜军. 创业型大学：应用型本科高校转型之路（2020）［M］. 郑州：郑州大学出版社，2020.

新人才培养模式，进行教育方式的革新，将产业标准和最新的生产方式引入教学中，从而持续促进教学和生产的相互融合。其次，为进一步加强校企之间多方面的深度合作，可通过建立产学研共同体实现紧密协作。这意味着在生产、教学和科研等领域建立紧密的合作关系，形成共同体，以实现互利共赢。共同努力打造生产经营和人才培养相结合的产学研实训平台，实现生产与教学的协调发展。高校在这一过程中可以依托产学研共同体，根据社会需求不断提供专业化、技术化的服务，旨在提升学生的技术技能水平，并进一步形成具有特色的科研优势。这种深度合作有助于高校更好地服务产业需求，培养更符合市场需求的人才。

第二，建立校企命运共同体。校企命运共同体强调高校和企业价值共识、责任共担、利益共赢的原则。首先，价值共识是共同体生命延续的精神基础，校企双方要有相同的发展理念、相似的文化基因和相互认同的品质追求，这样才能实现共同的价值追求。其次，共同体健康发展的重要保障是责任共担，共同招工招生、规划学校专业、组织教材开发、进行教学设计、探讨课程设置、建设师资队伍、开展技术攻关、评价教学质量、指导实习实训，共同承担合作中可能出现的运行风险、市场风险。最后，由于涉及双方合作的利益问题，利益共赢成为发展的关键所在，但是在追求自身利益的同时，双方也需要兼顾对方的合理需求，实现双方共同发展之目标。

第三，为实现文化的高度融合，高校与企业应共建文化共同体。校园文化的建设应与企业文化相结合，例如企业在学生日常管理中引入企业管理纪律、主动推动企业人员将生产元素融入校园、带进课堂，使得双方更好地进行深度交流，让学生在在校期间及早适应企业工作环境和管理方式，形成良好的职业素养，为将来进入企业工作提供良好的职业素质基础。

7.2.11 加强校企合作协同创新，打造校企相互渗透格局

在校企合作协同创新深层次的融合过程中，应用型本科院校和企业互相渗透，满足双方的需求。具体体现为院校根据企业的发展需要设定教学和科研环节中的技术攻关以及研究方向，通过企业将研究成果转化落实，而企业

则根据院校的研究需要向院校投资，同时负责将院校的研究成果转化，双方共享科研以及落地成果。协同创新以知识增值为核心，以协同方式将校企双方优质要素进行组合，以促进科技创新和进步，打通从科技强到企业强、产业强、经济强的通道（覃庆华，2019）。① 其具体路径有如下几个方面。

第一，支持校企合作举措，强化协同创新意识。一方面，各地要结合区域产业发展，联合研究制定政策措施和具体举措，组织开展丰富多样的校企对接活动，加强对协同创新项目的资金支持力度，有力促进产业高质量发展。另一方面，各地政府和高校应加强对协作创新优势和路径的宣传，强化协同创新意识，其具体操作如下：首先，公众号和信息平台定期发布协作创新各类相关信息，引导关注者参与讨论和发表意见；其次，定期开展宣传活动，并鼓励学生和企业人员积极参与。

第二，发挥高校创新人才和资源聚集的优势，提升校企协作攻关能力。首先，从高校的高水平创新人才及团队中遴选一批专家教授担任专精特新企业技术导师，为企业提供"一对一"的技术咨询、指导等服务，为企业发展提供技术支持，提升企业的创新核心竞争力，促进高校科技成果产业化。其次，派驻教师和研究生深入企业一线，协助技术难题攻关，帮助企业对接高校创新资源，这不仅有利于提升教师和研究生的科研能力和解决技术问题的能力，还有利于解决企业实际问题，加快关键核心技术突破。

第三，根据技术攻坚难点，校企双方应以服务于国家战略需求为前提，合作建立核心技术集成攻关平台，聚集多学院、多学科以及企业等多种力量，依托高校优势学科、优势方向进行高水平布局，围绕明确的战略目标任务开展集成攻关，以高标准的管理推进高质量建设，努力在技术体系、重大产品及重大装备上实现突破，以技术创新支撑产业发展，实现核心技术的自主创新，为关键技术的实现提供可靠的技术以及产权保障，通过平台将关键技术牢牢掌握在校企和国家手中。平台建设具体措施包括：首先，要加大经费投入，改革体制机制；其次，要建设物理空间，完善设施配备；最后，充实人

---

① 覃庆华. 校企合作教育对创新型人才创造力的影响研究［M］. 北京：经济管理出版社，2019.

才队伍，确保目标实现。

7.2.12 扩大产教融合对外开放，提升其国际化程度

"一带一路"和"双循环"新发展格局都要求提升高等教育国际化水平，发挥其促进世界各国互信合作、交流互鉴的作用（杜玉波，2022）。[①] 目前，我国高校在参与国际化方面，通常是一二线城市中的"双一流"高校与国际院校交流程度较高，而相当大部分应用型本科院校存在封闭办学、自我循环的困境。因此，应用型本科院校有必要扩大产教融合对外开放，提升其国际化程度。

一是建立国际合作伙伴关系。与国外高校、研究机构和企业建立合作伙伴关系，开展联合项目、学术交流和科研合作。这种合作可以促进知识共享、跨国人才培养和技术创新。

二是建立国际化的人才培养体系。针对国际市场需求，设计并实施符合国际标准的人才培养计划和课程体系，培养具备国际竞争力的人才。

三是推动学生国际交流。鼓励学生参与国际交换项目、实习或实践机会。这有助于拓展学生的国际视野，增强其跨文化交流和工作能力。

四是组织国际化活动和项目。组织国际性的学术会议、讲座、文化活动等，吸引国际学者和专家参与，并为学生提供更多国际交流的机会。

五是加强行业合作与技术转移。与国际企业合作，共同开展项目研发、技术转移和产业合作，促进产学研深度融合。

7.2.13 建立行业协会参与校企合作育人机制，实现多主体合作育人共赢

行业协会作为产教融合的四大主体之一（政府、学校、企业、行业协

[①] 杜玉波. 努力开创高等教育对外交流合作新格局 [J]. 中国高等教育，2022 (11)：25-26.

会），在校企深度合作育人时可以促进教育与实际用人需求更好地对接，有助于培养更具有实用性和就业竞争力的人才。然而行业协会参与校企深度育人过程中存在一些挑战：缺乏有效的保障机制、院校社会服务功能不够完善、企业在育人方面的动力不足（古翠凤、刘雅婷，2020）。①

行业协会参与校企合作育人机制的路径主要围绕以下几个方面开展。

一是需求分析与课程设计。行业协会可以与院校合作，进行深度的行业需求分析。通过参与课程设计过程，协会能够提供关于行业技能和知识的实际需求的反馈，确保课程更加符合实际用人需求。

二是制定职业标准。行业协会通常参与制定和更新与特定职业相关的标准和资格要求。这有助于确保院校培养出的学生具备符合行业标准的技能和知识。

三是提供实习和实训机会。行业协会可以协助学校与企业建立实习和实训的合作关系，为学生提供在真实工作环境中实践的机会，增强他们的实际操作能力。

四是开展校企合作项目。行业协会可以与院校共同开展校企合作项目，如共建实训基地、技术研发合作等，以促进产学研深度融合。

五是完善人才招聘与就业服务。行业协会可以协助企业进行人才招聘，提供就业信息和咨询服务，帮助毕业生更顺利地进入职业生涯。

六是建立多方评价反馈机制。建立以行业协会为主导，政府、高校、企业多方参与的校企合作动态化评价反馈机制，促进产教融合有序运行，提高校企合作质量。

7.2.14 搭建风险管理协调机制，提升风险管理水平

风险管理协调是指由风险管理者采取一系列措施或方法，以减少风险事件发生的可能性，或直接降低风险事件发生所造成的损失。这种机制旨在有

---

① 古翠凤，刘雅婷. 行业协会参与校企深度合作育人模式建构 [J]. 中国高校科技，2020（10）：73-76.

效降低潜在风险对高校和合作伙伴造成的负面影响，确保校企合作的顺利进行，全面提升高校的风险管理水平和管理能力。搭建校企合作的风险管理协调机制至少有如下诸多路径：

第一，识别校企合作的风险。校企合作风险识别是校企合作风险管理的第一步，也是校企合作风险管理的基础。风险识别需要以校企合作风险管理现状为起点，全方位地对风险管理现状进行梳理和对风险问题进行诊断。风险识别有以下方法：一是研究分析现有文件资料以发现潜在风险，文件资料包括校企合作发展规划、校企合作管理制度、校企合作工作流程等；二是与关键岗位工作人员访谈以深入了解风险点，访谈对象包括高校领导、高校教师、校企合作对接人员等；三是采用匿名问卷调查的方式排查风险问题，调查人员应将精心设计的问卷分发给教职工填写并汇总结果。通过以上方法识别出的校企合作风险类型及表现形式，如图7-5所示。

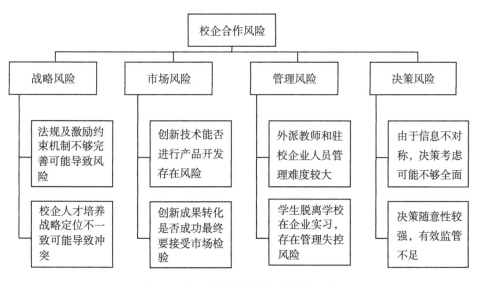

图 7-5　校企合作风险类型及表现形式

第二，评估校企合作的风险。对于校企合作项目的关键领域，应进行系统而全面的风险评估，根据校企合作风险的分类及其表现形式。这样的评估过程有助于获取全面的风险信息，从而获知校企合作风险点及其原因。通过科学的定量分级评价，将风险划分为重大风险、中等风险、低等风险，综合形成完整的校企合作风险评估报告（郭建如、刘彦林，2020）。①

第三，应对与管控校企合作的风险。在摸清校企合作的风险点及原因的基础上，遵循风险管理的一般理论和方法，结合校企合作风险的特殊性，特别关注校企合作的系统性，建立起能够有效应对战略、市场、管理、决策等风险的防控体系。具体应对与管控措施如下：

（1）校企合作的战略风险管控措施。首先，应在推进合作相关法规及激励约束机制的完善上做出努力；其次，高校与合作企业在人才培养方案制订上应进行充分的沟通协商，在人才培养战略定位上达成共识。

（2）校企合作的市场风险管控措施。首先，对创新技术通过充分的论证和多次的实验来检验其转化为市场流通产品的可行性；其次，对市场进行充分调研和分析来提升创新成果的转化成功率。

（3）校企合作的管理风险管控措施。首先，高校应与合作企业共同制定外派员工管理方案，对外派员工的工作绩效进行合理考核；其次，通过网络平台实时观看学生在企业的实习状态，发现问题及时与企业进行沟通以提高对在外实习学生的管理效率。

（4）校企合作的决策风险管控措施。首先，建立校企信息沟通平台，方便两方充分了解彼此的动态信息，为决策提供充分依据；其次，为使决策过程规范合理，可通过加强对决策流程的监管力度，使决策过程符合规范，减少或消除校企合作的决策风险。

---

① 郭建如，刘彦林. 地方本科院校组织转型对校企合作影响的实证分析 [J]. 江苏高教，2020（11）：26-34.

8. 我国应用型本科院校产教
深度融合的政策建议

本章首先从政策学的角度研究产教融合政策设计的目标与原则,然后从思维观点、法律法规、金融支持、财政政策、税收政策、产业政策、土地政策、政策协调等几个方面提出我国应用型本科院校产教深度融合的具体政策建议。

8.1 产教融合政策设计的目标与原则

8.1.1 产教融合政策设计的目标

政策目标是指公共组织为解决特定公共政策问题而采取的行动,旨在实现特定目的、达到具体指标和产生明确效果。这一定义表明,政策目标具备问题的针对性、未来的预期性以及效果的可衡量性等特征。因此,产教融合政策目标设定应具有问题的针对性,需建立在产教融合现有问题关注的基础上,坚持问题导向,绝非空中楼阁,凭空而生(谢笑珍,2019)。[1]

无论在理论层面,还是在实践操作层面,应用型本科院校产教融合面临一系列亟待解决的问题。其中,突出的问题主要有:应用型本科院校与企业界深度融合的内驱力不足,缺乏强有力的动力机制;产业与教育融合程度不

---

① 谢笑珍. "产教融合" 的平衡点在哪里 [N]. 光明日报, 2019-01-23 (015).

深，缺乏有效的协同机制；在产业与教育融合的创新发展实践中，缺乏明确的目标导向，并且产业与教育融合的创新机制不够顺畅。因此，应用型本科院校产教融合政策设计的目标应坚持问题导向。产教融合政策设计目标还应符合"产教融合合作主体利益共赢"这一价值取向，最终实现应用型本科院校建立有效的产业与教育融合长期机制。

基于此，应用型本科院校产教融合政策设计具有以下三重主要目标：首先，欲通过产教融合政策的实施，建立动力机制和利益共享激励机制，增加产教融合的内在驱动力；其次，欲通过产教融合政策的实施，建立产教融合协同育人机制，加强产教融合的合作力量；最后，欲通过产教融合政策的实施，建立创新机制，不断提升产教融合的创新力度（沈洁、徐守坤、谢雯，2021）。①

8.1.2 产教融合政策设计的原则

产教融合政策设计遵循主观性、一致性、可行性、充要性四个原则（黄文伟，2016）②。

8.1.2.1 主观性原则

在进行政策设计前，政策设计主体总是从自己的关注点、目的、利益和需要出发。无疑，政策设计与人的主观性相连，并主要通过个人认知与价值体现。因此，政策的设计离不开对政策参与者的主观性分析。

首先，政策设计中的参与者认知。认知主要回答"我看到什么"，即一个事项如何引发政策设计者的注意，政策设计者又如何去描述它、理解它和决定它的重要性。在政策设计过程中，设计者的认知主要由他的角色和职能决定。角色决定了他的兴趣和关注点，以及作用和行为；职能决定了他承担的

---

① 沈洁，徐守坤，谢雯. 我国高等教育产教融合政策的逻辑理路、实施困境与路径突破 [J]. 高教探索，2021（7）：11-18.

② 黄文伟. 职业教育校企合作主体利益冲突与调试——政策设计的视角 [M]. 广州：广东高等教育出版社，2016.

责任与负责的对象，以及他对其他人和事件的控制和影响。

其次，不同政策参与者对政策事项的认知差异分析。政策设计者的认知主要由其角色和职能决定，然而，由于角色与职能的不同，不同政策参与者对事项的事实、重要性及紧急程度的认知往往是不同的，这为"首要参与者"回应并整合"相关参与者"的政策诉求带来了困难。对于产教融合来说，该事项国家、学校、企业等主体重要性认知程度不一致，国家偏重于产教融合的政治性，学校侧重于社会性，而企业更关注经济性。

最后，产教融合政策设计中的认知整合。产教融合政策中，重要的角色是学校和企业本身，而他们内部也是有血有肉的不同个体组成的团体。尽管不同的政策参与者对于事项有不同的认知，但不管首要参与者是中央政府、省政府，还是市政府，都应当把学校、企业作为相关参与者吸纳进来，并进行认知整合，形成统一共识的政策目标及行动。

8.1.2.2 一致性原则

政策的要素包括价值取向、设定目标、采用手段和实现结果，这些要素之间应当相互协调和一致。只有这样，才可以联系价值和政策的目标与手段，分析追求价值所用的手段的力量，监控并评估政策的效应。特别是在政策规划的不同阶段中，所用的分析观点一般应是固定不变的，所用的信息和价值不应当互相矛盾，因果和行为的假设应与概念保持一致等。

首先，观点固定。政策涉及参与者的特征。在政策规划中，观察、解释、假定都是从首要参与者的观点得来的，以他掌握的相关事实和知识为基础。如果信息、假设和关系不是从固定的观点去看，参与者本人或其他参与者就不能够验证他们的可靠性。例如，产教融合政策中，政府不能把学生技能培养和企业经济利益获取同时放在首位。因此，对首要目标的选择不同，政策的规划也就完全不同。

其次，信息一致。在定义事项、确立目标、设计手段和评估结果时，需要使用各种不同的信息，这些信息之间不应存在矛盾。产教融合政策规划是一个连续性的过程，规划过程中出现的新信息，应当与前一阶段所采用的信息相调和。

最后，逻辑一致。价值、目标、手段及结果应当互相连贯并保持逻辑一致。产教融合政策为："产业界与教育界有效协同带来的社会整体性利益增长"，与价值相适应的是，产教融合政策目标也应考虑校企等利益相关者的利益。我国产教融合的目标与手段以及手段与结果之间也应具有一致性，具有较高程度的适配。唯有如此，方能建立产教融合有效运行机制。

8.1.2.3　可行性原则

政策的可行性原则表现在任何政策创意都需要依赖其他人或组织，以使其合法（考虑政策方面）或将其实施（考虑实践方面）。最终实现应用型本科院校建立有效的产业与教育融合长期机制。

首先，如何使政策合法。为争取政策的合法性，并尽力获得支持，孤立和克服反对声音。为此，必须把政策的要素与支持或反对它们的人和组织配对。有时，事情争议越大，支持与反对的两极分化越明晰。

其次，政策合法性的争取方式。在正常的合法化过程中不理别人，不一定符合自己的利益，特别是当我们要依赖这些人和组织实施自己的政策时更是这样。如前所述，主体导向下的产教融合政策价值取向是"产业界与教育界有效协同带来的社会整体性利益增长"，这使得政策的实施有赖于学校、企业、教师、学生等多个利益相关者。争取政策合法性的方式，可以向政策支持者或者反对者展示，讲清道理，支持该项政策会如何直接或间接增加他们的资源和利益，而反对会如何损害他们的利益。例如，产教融合实施中可以采取政策补偿的形式，补偿反对者。对支付实习报酬的企业，准予在计算缴纳企业所得税税前扣除，这样就可以争取更多的支持者。

8.1.2.4　充要性原则

充要性分析检验政策决定和行动的经济意义。这个分析检验过程包含两个关键要素：必要性和充分性。如果投入过多不必要的努力，可能导致失败和损失。因此，有必要确保在决策和行动中充分考虑必要的要素，以避免资源浪费和不必要的风险。

首先，必要性分析。必要性分析涉及检验政策中的各个因素，包括价值、目标、手段和结果之间的广义经济联系。在这种分析中，要考察政策的目标对所追求的价值是否有必要，政策采用的手段是否对实现目标至关重要，以及政策预期或实际的结果是否对衡量手段的成效至关重要。

其次，充分性分析。必要性分析有助于确定实现特定价值所需的工具和资源的最高限度，而充分性分析则有助于确定实现相同价值所需的工具和资源的最低限度。在这两种分析中，旨在确保充足的支持，同时避免过度投入或浪费资源。两者合起来就确定了政策资源负担的上限和下限。

产教融合政策设计充要性原则表明：产教融合政策有轻重缓急之分，政策资源的配置有目前与长远之分。该原则也进一步说明：产教融合政策的制定一定要有科学性。

8.2　产教融合的政策建议

8.2.1　转变思维观点

产教融合成为国家教育改革制度性安排的大背景下，深化产教融合既是产业转型升级必由之路，也是现阶段教育变革的方式与手段。近年来，为推动产教融合，国家推出了一系列重要举措。无疑，系列政策性文件及举措，为应用型本科院校产教融合发展之路提供了可供借鉴的思路。

然而，思维方式有内在的固有惯性，或多或少影响主体的行为，其转变难度之大，可想而知。思维决定行动，思维方式的转变有助于政策制定的科学性、创新性和执行政策的积极主动性。应用型本科院校深化产教融合，首先必须进行思想的转变，为产教融合具体政策的实施进行一场理论性革命，扫清认识思维上的障碍（孙翠香，2018）。①

---

① 孙翠香. 新时代的新使命："产教融合"政策分析 ［J］. 教育与职业，2018（18）：11-17.

产教融合的思想观点，至少从以下几个方面的转变入手。

一是从理论到实践的转变。传统上，教育更注重理论知识的传授，而产业则更关注实践技能。产教融合推动教育机构更加关注实际产业需求，使教育更贴近实践，培养学生实际操作能力，从而使学习更贴近实际应用。

二是弱化学科壁垒，强调跨学科合作。传统教育往往强调学科的分隔和专业化。而产教融合倡导跨学科的合作与交流，鼓励不同学科领域间的融合，促进创新和综合解决问题的能力。

三是从就业导向到创新导向。过去教育更偏向于为就业而培养人才，而产教融合使教育更多关注创新能力的培养，激发学生的创造性思维和实际解决问题的能力。

四是教育和产业之间更紧密的合作。传统上，教育机构和产业往往独立运作。产教融合使两者之间建立更为紧密的合作关系，共同参与课程设计、科研项目以及实践培训，使教育更符合产业需求。

五是学校角色的多元化。传统上，学校主要作为知识传授的场所。产教融合要求学校不仅仅是知识的传授者，更需要成为产业创新和人才培养的合作伙伴和推动者。

六是强调实践经验与学术知识的平衡。传统上，学术知识被更为重视，而产业实践经验的重要性常常被忽视。产教融合强调理论与实践的平衡，培养既有学术深度又有实践经验的复合型人才。

8.2.2 建立产教融合法律法规

8.2.2.1 构建产教融合法律体系的必要性

完善的法律法规为产教融合保驾护航，确保产教融合运行顺利进行。完善的法律法规规范产教融合相关主体的相关行为，明确其相关主体的权利与义务，调整相关主体的利益关系，可以确保产教融合的有效运行。具体来说，一则可以对产教融合起到监督保障之作用，二则可以起到对产教融合经费保障之作用，三则可以起到产教融合政策保障之作用。

目前我国应用本科高校关于产教融合相关政策相当丰富。但教育政策自上而下，一般比较灵活，而且以激励为主，其强制力较弱，在政策落地方面也因组织结构复杂、利益链条多等原因，故贯彻执行有一定困难。相对而言，产业与教育融合法律在我国具有强制力，对相关主体的积极和消极行为规定更为具体和清晰，对于不当行为的惩罚措施也更加严格。尽管我国已经制定了《职业教育法》《社会力量办学条例》等法律法规，但总体来说，高校产业与教育融合的顺利运作仍然缺乏充分的法律支持。而且仅有的一些法律法规主要针对职业院校的多，职业教育主要是以培养技能型人才为主，而应用型本科院校则以培养应用人才为主，两者之间仍存在着较大的培养目标和培养路径的差别。实际工作中，应用型本科院校产教融合、校企合作还处于不得不参考职业教育的产教融合有关方面的法律法规这样尴尬的局面。

目前，产教融合一定程度上也出现了一些不尽如人意的失序现象。其主要表现：价值观的混乱、结构的不平衡和制度的失范（刘媛媛，2016）。[①] 而产教融合失序背后的主要原因就是缺乏一整套产教融合的法律体系。这也说明构建产教融合法律体系刻不容缓，时不我待。

欧美发达国家因其产教融合方面的法律监督体系之完备，往往为人们津津乐道，备受推崇。比如说，德国在产教融合领域就建立了一套完整的法律、司法、行政和社会监督的体系，确保了依法治教的原则。此外，德国政府也通过法规明确规定了国民生产总值和工资总收入的一定比例用于职业教育。即便在经济困难时期，德国政府也会确保在职业教育方面拨款，并接受议会的监督。德国在职业教育的金融支持也可以为我国应用型高校所参考。由此，显示出我国在此与欧美发达国家方面的巨大反差，这也倒逼我们要加快步伐建立产教融合法律体系。

8.2.2.2 产教融合法律体系的基本框架

产教融合法律制度体系的构建框架包括纵向的和横向的两个维度。一是

---

① 刘媛媛. 高校转型背景下产教融合支持系统建立研究［D］. 沈阳：沈阳师范大学，2016.

在纵向上，应建立完善的法律制度体系，其中包括教育法、高等教育法、单行行政法规（例如高等教育产教融合促进条例），以及地方性法规。二是横向上涵盖法律原则和法律规则，其对产教融合有序发展起到了重要的监督作用，确保产业与教育融合有明确的法律依据，并对违法行为严肃追究责任，使其成为法律的约束和规范（刘波、欧阳恩剑，2021）。①

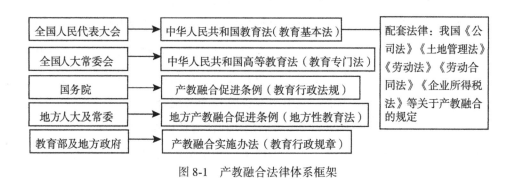

图 8-1　产教融合法律体系框架

8.2.2.3　产教融合法律体系的可行途径

借鉴欧美发达国家的产教融合法律体系，并参考《中华人民共和国职业教育法》，我国产教融合法律体系应该分别从国家、地方、高校层面修立并举。

首先，国家需要修订《教育法》，将产业与教育融合的理念纳入法律条文，确立其在《教育法》中的重要地位。这包括将原本指导性和授权性的条款改为强制性条款，加强法律的约束力，明确违法行为的法律后果，特别是处罚措施，以提升法律的执行力和强制性。同时，需要在国家层面支持产业与教育融合的法律法规和政策，如制定产教融合的基本法，以支持产教融合模式，鼓励企业积极参与，并及时规范企业和高校在融合中的权责关系，同时政府在政策和财政方面提供全面支持。

---

① 刘波，欧阳恩剑.《职业教育法》修订背景下产教融合法律调整的路径分析 [J]. 职业技术教育，2021，42（27）：20-26.

其次，通过对《高等教育法》的修订，需要在宏观层面明确定义产业与教育融合的内涵，将其作为一个基本原则贯穿于整个法律体系，并明确与校企合作进行一定的区分。我国在修改《高等教育法》时可以借鉴德国《职业教育法》的法制模式，将产业与教育融合作为高等教育工作的核心理念贯穿于整个法规框架。类似于德国的《职业教育法》中，要在法律中明确将产业与教育融合作为实施"双元制"职业教育的基本要求。我国在高等教育方面也应该在宏观、中观和微观管理层面都贯彻这一理念。高等教育标准的制定到校企联合培养人才的全过程都必须切实贯彻产教融合理念，以确保高等教育工作的有序推进和人才培养的有效实施。这样的举措有助于促进产学合作，加强高等教育与产业的紧密衔接，为培养适应社会需求的高素质人才奠定坚实基础。

再次，应在《公司法》《土地管理法》《劳动法》《劳动合同法》《企业所得税法》等相关法律中明确将产教融合原则纳入具体条款。为此，地方政府需要紧密结合这些上位法律，迅速制定并完善适应地方特色的产教融合机制和政策。由于高等教育产教融合牵涉多个部门，包括人力资源部、教育部、税务部门等，相关的配套法规政策也应迅速颁布，以确保高等教育产教融合的多主体利益相关者合法权益不受侵犯，从而促使产教融合持续深入开展。同时，地方政府应充分结合地方区域特色，灵活制定相关政策，以更好地适应当地的实际情况。

最后，为确保产教融合政策的有效实施，需要制定地方政府实施产教融合的相关责任法律法规。地方政府在贯彻国家有关高等教育的顶层设计时，应积极推进高等教育法律政策的实施。如果地方政府的推进力度不足，产教融合政策可能仅止于口头承诺而无法真正落地。此外，国家在进行顶层设计时，需给予地方政府实施的一定灵活性，以确保地方政府有足够的空间来有效推进产教融合，而非受到制度上的过度制约。这样的措施有助于确保产教融合政策的实际执行，使其不仅成为纸面文件，更能够在实践中产生实质性的影响。

8.2.3　加大金融支持

所谓的产教融合金融支持就是在产教融合的宏观环境和内在运行的动态系统中，金融如何发挥其配置资源的基本功能，进行金融产品、金融组织、金融制度等多方面的创新，进而和其他政策措施协调配合，以促进教育在"供应链"中与产业的融合（林江鹏，2022）。① 顺利实施产教融合项目，一方面可以形成"以销定产"的人才培育模式及运行机制，另一方面可以促进企业效益提升、地方经济繁荣发展，达到促进产教融合项目有效运行和可持续发展之最终目的。

产教融合的金融支持异于产教融合的财政支持，其主要原因在于两者职能属性的不同。产教融合的金融支持项目资金回笼期限主要偏中短期，这些项目既有政府同企业联合搭建的教育类基础设施和系统性建设项目，也有在职人员的学费信贷支持等。产教融合的财政政策往往从更深层面兼顾教育资源，除了政府以直接形式的付费项目和投资模式建设相关项目，给予企业和高等院校以及贫困生的补贴经费外，在财政专项资金方面，以常规的预算内支出及统筹政策银行资金为主，还辅以专项债等形式对一些项目融资。

金融支持成为产教融合发展的核心力量。目前产教融合发展的实践中广泛存在金融产品与服务供给不足且结构不平衡、资金使用效率低下、金融机构深度服务能力弱、持续性服务能力差等问题，金融支持不足阻碍了产教融合的持续发展。因此，要克服目前产教融合的现实困境，鼓励金融机构加强对产教融合型企业的支持力度，并给予相应的措施，进行体制机制创新，强化金融支持政策。

8.2.3.1　改善产教融合金融支持的制度环境

首先，要及时完善现行的法律政策，结合产教融合金融支持创新的特点，

---

① 林江鹏，肖万玉. 产教融合金融支持的现实困境、路径选择和政策协同 [J]. 中国经济报告，2022（6）：61-68.

从长远战略出发，制定切实可行的法律法规。与此同时，增强全民尊重和保护知识产权的素养与认知，为产教融合金融支持项目中科研成果的转换提供好的法制环境，减少产教融合金融支持创新的制度性阻碍，给高校和企业提供足够的选择权和自主权，优化产教融合金融支持创新环境。其次，地方政府应根据产教融合金融支持高等教育基础设施长周期投资回报特点，鼓励灵活设置债券的利率、债券年限及债券还本付息的方式，支持发行可续期债券；鼓励各类公立高等教育机构稳妥探索市场化之路，并获得"准市场主体地位"，进而健全高等教育市场化方式运营项目的实际操作流程。

8.2.3.2 加大产教融合金融支持的产品创新力度

加强多元化产教融合金融服务，强化产品创新的力度。在传统信贷、保险理财、债券基金等多方面强化产品创新和服务升级的力度，开发多元化融资品种，完善金融支持产教融合的工具服务体系。当前，尤其要解决好产教融合结构融资问题，以促进高等教育资产证券化。为此，一方面必须加强高校和金融机构的合作力度，另一面高校要加快培养、打造"双向"式的优秀人才，即培养既懂资产证券化又懂产教融合的人才。同时金融机构应加大产教融合结构融资力度，使得证券化成为产教融合融资的重要手段。在会计处理方面，建议规范信息披露的要求，通过会计机构与专业金融机构的合作，对于教育资产证券化中风险报酬转移比例有更客观的独立意见，同时做好信息披露；在 SPV 以及投资者税收处理方面，完善资产证券化有关税收法规，体现参与主体的公平性，改善资产证券化税收环境。

8.2.3.3 完善产教融合金融支持的股权激励机制

产教融合创新项目应该建立健全权责明晰的利益分配机制及股权激励机制，这样才能够确保合作各方对产教融合创新项目贡献最大化。在资本市场服务中，风险投资商、企业、高校通过股权金融纽带连接，将三方关系缔造成股权投资人与被投资人的关系。如果三方关系确立，利益得到捆绑，风险投资商就会通过自身的资源优势努力关心企业、高校，降低产教融合项目面临的风险。建立责权利明晰的股权激励机制，就需要设定合理的考核条件。

考核条件反映了公司股权激励的目的和价值观，决定了风险投资商、企业、高校的努力方向。因此，考核条件必须是明确和落地的量化指标，这样风险投资商、企业、高校对是否获得激励股份有稳定清晰的预期，而不凭借任何一方的主观判断。

8.2.3.4 健全产教融合金融支持风险分担机制

建立相应的风险分担机制有利于产教融合项目的风险分散。首先，明晰产教融合金融支持的知识产权分割，构建知识产权交易和流动平台，提高知识产权评估机构的专业性、准确性、公正性，将评估机构引入知识产权融资业务，有利于减少风险。其次，引导和鼓励金融机构积极开展产教融合金融支持知识产权融资，对知识产权进行增信，加大金融机构担保力度，增加质押融资的力度（王文亮、肖美丹，2014）。[①] 与此同时，政府、银行、知识产权运营机构共同投资建立知识产权融资风险池，解决金融机构知识产权质押融资的问题。发生贷款逾期风险，风险池专户资金代偿，后期三方共同追偿。

8.2.3.5 推进多层次金融市场支持力度

从信贷市场出发，研究符合项目特色的多元化融资品种，对满足信贷要求的产教融合项目择优予以信贷扶持。从资本市场层面出发，积极创造条件，加大辅导力度，推动产教融合型企业上市融资；在确保合规和风险控制的条件下，支持国家开发银行与省市级政府加强协同合作机制，通过在学校和企业间建立股份制或混合所有制主体，创新结构化融资模式；合理设置债券计息方式、选择权、债券偿还期限；鼓励发行可续期债券，同时发行人以第三方担保方式，为债券提供增信；若债券增信条件还不够，可以再通过引入优质企业等内外部增信方式，进行再担保；创建学研结合产业投资基金，激发产教两大创新主体的协同创新。通过参与学生实习责任保险和人身意外伤害保险，可以更有针对性地确定现代学徒制的费率，从而更好地适应保险市场

---

① 王文亮，肖美丹. 校企合作创新网络运行机制研究［M］. 北京：科学出版社，2014.

需求。与此同时，对产教融合项目实施"金融+财政+土地+信用"的组合式激励政策。

8.2.4 完善财政政策

8.2.4.1 产教融合财政政策的必要性

实现产教融合涉及教学研究、机构设置、信息服务平台建设以及推动合作项目实施等多个方面，而在这些方面，充足的资金支持是不可或缺的。其中，金融通过社会基金、发放相关贷款等方式支持产教融合发展，而财政政策是政府通过转移支付手段以支持产教融合发展（赵增绩、车红华，2020）。①

迄今为止，大多数高等院校主要通过采用财政政策来满足产教融合的教育经费需求：一是资金注入教育资源。财政政策可以用于增加对教育领域的投资，支持教育机构开展与产业相关的技能培训和课程开发。这种投资可以提高教育质量，使学生更好地适应工作市场需求。二是支持产业发展。通过财政政策，政府可以提供资金支持、税收优惠或补贴等形式，鼓励企业与教育机构合作，共同开展技术研发、实习项目或双元教育计划，以培养适应市场需求的人才。三是建立产学研合作平台。财政政策可以资助建立产学研合作平台，促进产业界、学术界和研究机构之间的合作。这有助于实现知识和技术的共享，推动创新和技术进步。四是促进人才流动和交流。通过财政支持，可以建立人才流动和交流的机制，例如资助学生参与实习项目、赞助专业人才参与产业研发等。这不仅有助于学生实践能力的提升，同时也刺激了产业界对人才的需求。五是制定奖励政策激励产教融合。政府可以采取财政奖励政策，对积极开展产教融合的企业和教育机构给予奖励，以激励更多的单位参与并贡献于此。

---

① 赵增绩，车红华. 产教融合背景下支持技能型人才培养的财政政策研究［J］. 公共财政研究，2020（6）：69-75.

然而，产教融合财政政策也面临一些如下问题：一是资源分配不均衡，财政政策的执行可能导致资源在不同地区或学科领域的分配不均衡，影响产教融合的全面推进；二是项目选择和评估难题，政府在资助产教融合项目时需要进行有效的选择和评估，以确保资金得到最大的社会经济效益；三是激励机制设计困难，制定能够有效激励企业参与产教融合的税收和财政政策是一个复杂的问题，需要平衡各方利益。

国外产教融合的财政政策方面有着值得学习之处。例如，德国政府在《职业教育法》中明确规定了国民生产总值和工资总收入的一定比例用于职业教育；在经济不景气时，德国政府优先将资金配置到职业教育领域，议会也会参与监督资金的使用方向与使用效果。日本"产学官"协同制度，每年都能获得日本政府的大量拨款，并联系企业与组织机构开展联培项目多达数千个，投入到的数十亿日元的研究经费已经取得了广泛的研究成果，为社会提供了重要的服务，成为推动日本振兴与创新科学技术的关键途径。

8.2.4.2　产教融合财政政策的具体措施

借鉴国外产教融合财政政策的先进经验，结合我国实际，应用型本科院校产教融合财政政策可以采取以下措施。

首先，落实财政直接支持产教融合。政府可能通过财政拨款、资金补助等方式，直接支持产教融合项目。例如，政府可以通过科研项目的设立和资助，鼓励产业和教育机构共同开展科研合作，推动产教融合；鼓励企业为员工提供职业培训，政府可能提供一定的培训补贴，以支持企业内部的人才培养和发展。

其次，政府可以设立产教融合专项基金。这主要用于支持产教融合相关项目的实施，支持产业发展、人才培养等方面。在具体使用该基金时，为了确保经济利益的推动，政府可以根据企业的主动参与程度，评估产教融合项目的可行性与实际完成程度，倾斜于产教融合做得好的企业，并给予规定性的免税待遇。

最后，建立差异化的产教融合财政政策。我国东部和西部地区存在显著的教育资源分配不均问题，这主要是由于各地社会经济发展水平的不同所导致的。通常来说,东部有较多的高质量企业和高校,并不像西部高校与企业资金匮乏,所以在进行产教融合财政政策资金支持时,可以更偏向于西部地区的高校与企业。

8.2.5 强化税收政策

8.2.5.1 产教融合税收政策的必要性

税收政策在促进产教融合方面可以通过以下方式对产教融合产生积极影响:一是税收激励,制定税收政策以提供激励,例如对产教融合项目给予税收优惠或减免,可以吸引更多企业和教育机构参与融合计划。这有助于营造积极的发展环境,推动合作的深入开展。二是研发和创新支持,通过税收政策,政府可以提供对研发和创新活动的税收优惠,鼓励产业界与教育机构共同进行技术研究和创新。这可以促进双方资源的整合,推动新技术和知识的产生。三是实习和培训支持,设立税收政策,对企业提供实习和培训的费用给予税收减免,有利于减轻企业参与产学融合计划所需的费用负担,增强它们的积极性和参与意愿。四是通过税收政策倡导社会责任,政府能够激励企业承担社会责任,从而支持教育事业。例如,对企业向学校捐赠或支持教育项目的支出给予税收优惠,鼓励企业更积极地参与教育领域。五是行业发展引导,制定差别化税收政策,对于支持国家重点产业的产教融合项目给予更大的税收支持,有助于引导资源向具有战略意义的领域集中,促进相关行业的发展。六是合作项目资金支持,通过税收政策,鼓励企业将一部分收入用于支持与教育机构的合作项目,从而提高合作的可持续性和深度(杨克瑞,2018)。[1]

然而,我国产教融合税收政策存在着一些问题:一是税收优惠涉及的税种少且优惠内容单薄;二是过多的享受条件限制了税收优惠的适用范围;三

---

[1] 杨克瑞. 产教融合:问题、政策与战略路径 [J]. 黑龙江高教研究,2018,36(5):35-37.

是增值税优惠存在单一环节和优惠内容设计不合理的情况；四是企业所得税优惠政策单薄，难以有效发挥激励作用。

国外的税收政策在支持产教融合方面有严苛的规定，可以借鉴之。例如，丹麦于 1889 年颁布的《学徒培训法》中就明确规定将对于未完成学徒培训任务的企业额外征收培训税作为惩罚，将税款交由专门的基金委员会进行管理，然后按照比例向那些超额完成培训任务的企业拨付，作为奖励措施。

8.2.5.2 产教融合税收政策的具体措施

借鉴国外产教融合税收政策的先进经验，结合我国实际情况，应用型本科院校产教融合税收政策可以采取以下措施。

首先，利用多形式、多途径实施产教融合税收激励措施。一是优惠方式上，一方面，要加强企业所得税优惠，针对参与产教融合的企业，政府可能给予企业所得税的优惠政策，例如降低税率、减免税款等，以鼓励企业积极参与合作并投入相关领域；另一方面，要落实技术创新奖励税收优惠，针对从事技术创新的企业，政府可能提供税收优惠，鼓励企业在产教融合中推动科技创新，提高企业的竞争力。二是在扣减方面，切实做好研发费用加计扣除，对于在产教融合领域从事研发活动的企业，政府可能允许其在企业所得税计算时加计扣除相关研发费用，以减轻企业负担；而且要执行职业培训费用税前扣除，针对企业投入职业培训的费用，政府可能允许在企业所得税计算前予以扣除，鼓励企业提升员工技能水平。

其次，加大产教融合税收优惠宣传力度，创新宣传方式。可以通过多媒体宣传、线上研讨会、行业论坛、校园路演等宣传方式。这些创新宣传方式可以使产教融合税收优惠政策更广泛地为企业和学校所了解和利用。在宣传中强调政策的实际效果和成功案例，有助于吸引更多的参与者，促进产教融合的深入发展。

最后，建立差异化的产教融合税收政策。针对不同的参与产教融合企业的规模和类型，政府为其量身定制税收政策。一方面，针对纳税企业的税收园区政策和个体户的"个人所得税核定征收"政策；另一方面，针对参与产教融合企业培养人才所付出的高花费可通过税收抵免为其减轻压力，有助于提高不同规模企业参与产教融合的积极性。

8.2.6 优化产业政策

8.2.6.1 产教融合产业政策的必要性

产业政策是国家根据国民经济内在的发展需求，对产业结构和组织形式进行调整的一种政策。产教融合的发展离不开国家产业政策的支持，表现如下：一是有利于促进人才培养与用人需求的对接。通过与产业密切合作，政府可以制定相关政策，促进学校与企业的合作，使学生在学习过程中获得更符合实际用人需求的技能和知识。二是有利于促进技术创新。产业政策可以通过提供研发资金、科技创新激励等手段，鼓励产业界与教育机构进行更深入的合作。这有助于推动技术创新，提高产业的竞争力，并为学生提供更广泛的实践机会。三是有利于提高劳动力市场适应性。通过制定灵活的产业政策，政府可以更好地适应快速变化的市场需求。这包括调整教育课程，引入新的培训项目，以确保劳动力具备适应产业发展的技能。四是有利于创造良好的创新生态系统。通过建立良好的创新生态系统，产业政策可以促进不同领域的合作，包括产业界、学术界和政府。这有助于加速新技术和新思维的孵化，推动整个社会的创新。五是有利于加强国家核心竞争力。通过培养与产业密切相关的高素质人才，产业政策可以加强国家在特定产业领域的核心竞争力，推动产业结构的优化和升级（张子法、王雨洁、李拓宇，2022）。[1]

国外产教融合的产业政策施行多年，取得了不错的成效。例如，美国的合作教育以"产"为中心，以推动本社区经济为宗旨，联邦及各州政府以促推社区学院校企协作项目作为施政要务，美国部分企业与社区学院建立了"学徒制项目"联盟，逐渐发展为颇具规模与影响力的"项目群"，使美国合

---

[1] 张子法，王雨洁，李拓宇，朱凌. 新时代产教融合人才培养政策回顾与展望——基于政策工具的文本分析 [J]. 浙江大学学报（人文社会科学版），2022，52（12）：104-114.

作教育模式与时俱进。该"项目群"之所以具有鲜活的生命力就在于，它密切关注社区地方经济发展，瞄准社区产业经济的结构，服务于社区产业经济发展，实现了产教融合与产业政策的互动（林江鹏、郭林，2023）。①

然而，目前我国应用型本科院校产教融合的产业政策也面临一些问题：一方面，产业政策实施难度高，制定和执行产教融合产业政策需要政府在政策设计、执行和监督方面具备一定的能力，而这方面的挑战可能导致政策执行效果不佳；另一方面，产业政策需要与教育体系充分匹配，但不同地区、不同产业的需求差异较大，因此如何制定一套适用性强的政策是一个挑战。

8.2.6.2 产教融合产业政策的具体措施

借鉴国外产教融合产业政策的先进经验，结合我国实际，应用型本科院校产教融合产业政策可以采取以下措施：统筹优化产业和教育结构，将产教融合发展纳入各地经济社会发展规划以及区域发展、产业发展、城市建设和重大生产力布局规划，要优化职业教育、高等教育资源配置与布局。因此，面向产业和区域发展需求，优先支持经济实力相对雄厚的地区引入职业院校、高等院校开设分校或独立产业学院，合理配置高教资源，以适应并促进当地区域经济发展。

首先，构建产教融合创新与产业结构转型升级互动机制。一方面通过调整产业结构使其与产教融合创新相协调，另一方面通过产教融合创新促进产业转型升级。因此，各地应该因地制宜制定本地区的产业发展战略，引领区域经济发展，将产教融合发展纳入各地经济社会发展规划以及区域发展、产业发展、城市建设和重大生产力布局规划。比如，湖北省就可以瞄准"一芯两带三区"，实施产教融合方案。

其次，打造产教融合创新的公共服务平台。各级政府乃至专业组织，都要创造条件，打造产教融合创新的技术、信息、人才、设备等公共平台，并提供相应的高效率专业服务。

---

① 林江鹏，郭林."双循环"背景下深化我国产教融合的路径选择 [J]. 科技创业月刊，2023，36（1）：171-174.

再次，要实现区域应用型高校专业结构的宏观整合。应用型本科院校集群式的发展，一方面要遵循教育规律，注重内部专业规模和结构的合理性；另一方面也要瞄准经济结构转型下的高质量发展的区域产业集群发展的需求，实现应用型高校学科、专业、课程等动态调整，提高应用型高校专业的人才培养规模、结构和质量与区域产业人才需求的匹配程度，促进应用型高校与区域经济发展相协调，以达到区域性应用高校专业结构的宏观整合。

最后，强化产业化导向的应用研究机制。从产业链的整体布局出发，鼓励企业、高校、科研机构进行深度合作，建立产学研协同创新联盟，强化产业化导向的应用研究机制，加速科技成果转化。遵循"政府引导、校企合作、共建共享、合作共赢"的原则，通过系统的"产学研用"设计，积极推进现代产业学院的建设，为促进高等教育的高质量发展提供有力支持。

8.2.7 健全土地政策

8.2.7.1 产教融合土地政策的必要性

除了金融支持、法律政策、财政政策、税收政策、产业政策以外，土地政策对产教融合的发展也有着举足轻重的作用，主要表现在以下几个方面：一是建设教育基础设施。土地政策可以确保有足够的土地用于建设教育机构，特别是为了支持产教融合而设计的校园或者教育园区。政策可以通过规划和分配土地资源，确保教育机构能够满足不断增长的需求，为产学合作提供场所。二是促进教育与产业的地理接近。制定土地政策以促进教育机构与产业区域的接近是十分重要的。确保教育机构在产业区域附近，可以促进教育资源与实际产业需求的更紧密对接，方便学生参与实习、项目合作等活动。三是建立产学交流的场所。土地政策可以支持建立产学交流的场所，例如共享空间、实验室、创新中心等。这些场所可以成为学校和产业界交流合作的平台，促进知识分享和技术转移。四是推动科研与实践结合。制定土地政策，为科研机构和企业提供共同的土地或场地，有利于促进科研成果与实际应用的结合。这种结合有助于加速技术转化和创新成果的商业化进程。五是提供可持续发展的土地支持。土地政策也可以支持可持续发展的教育机构和产业园区规划，促进资源的合理利用和环境友好型发展。

国外的产教融合土地政策有值得我们学习的地方。例如，德国在不同地区建立了许多科技园区和创新中心，这些地区提供了专门用于科技、产业和教育合作的土地，用于帮助企业和高等教育机构在同一区域内进行合作，促进产教融合。

然而，目前我国应用型本科院校产教融合的土地政策也面临一些问题：一是土地出让金过高。出让金是指企业在获得土地使用权时需向政府支付的费用。在一些城市，土地出让金过高成为企业投资的一项重要成本，可能阻碍了产业发展和企业的竞争力。二是土地用途规划存在不合理之处。有时土地用途规划可能不够灵活，不能适应经济结构调整和产业发展的需要，导致一些土地资源未能得到有效利用。

8.2.7.2 产教融合土地政策的具体措施

首先，规定产教融合项目用地的标准规范，采用划拨方式向企业提供土地优惠。如政府可以直接将土地划拨给企业，而不是通过出售。这有助于降低企业的用地成本，激发其积极性参与产教融合项目。土地优惠可以包括降低出让金、减免土地使用权费等优惠条件，以促进项目的启动和发展。

其次，同样对高校一样，对于企业在投资产教融合项目用地建设方面的规费，应当提供相应的优惠支持，以激发企业参与产教融合的积极性。一方面，可以对规费的部分或全额减免，或者制定差异化的规费标准，根据项目的性质和对当地经济、社会、教育等方面的贡献程度给予不同水平的费用优惠。这有助于激励更具有产教融合特色的项目。另一方面，允许企业在用地建设规费方面采取分期付款的方式，减轻企业一次性负担，有助于提高其资金流动性，促进项目的顺利推进。

最后，进一步完善用地支持政策的执行效果评估机制，设立用地政策支持的监察体系，确保土地政策支持措施真正实施到位。国土部门应强化对批后监管制度的执行，确保监管不仅仅停留在基层的报告层面。相关机构应当加强对批准征收的土地使用技术手段进行监管。切实贯彻批后监管，推动已批准的新增建设用地及时得到有效利用，降低土地闲置率。

8.2.8 构建产教融合政策协调机制

8.2.8.1 产教融合政策协调机制的必要性

政策协调机制对应用型本科院校产教融合有效运行至关重要，因为这有助于确保不同层面的政策能够协同推进，形成一个有利于产教融合发展的整体环境。其主要表现在以下几方面：一是资源整合。不同部门和机构可能涉及产教融合的不同方面，如教育、产业、科技、劳动等。政策协调机制可以整合各方资源，确保政策制定和实施时能够充分利用各方的专业知识和资源。二是避免政策冲突。不同政策可能存在冲突，例如教育政策和产业政策之间的矛盾。通过协调机制，可以避免政策之间的冲突，确保各个政策的目标协调一致，互相支持。三是加强政策衔接。产教融合涉及多个环节，从教育体系到产业实践，再到就业市场。政策协调机制有助于实现这些环节的衔接，确保学生在学习过程中能够顺利地融入产业实践，最终成功就业。四是提高政策执行效率。产教融合需要多个层面的政策支持，而政策协调机制可以加强各个政策的执行效率。通过协调，可以避免重复努力、减少官僚主义和资源浪费，提高政策的实际效果。六是形成合力。产教融合需要各方的共同努力，政策协调机制可以促进信息流通，推动政策创新，有助于形成政府、教育机构、产业界等多方的合力，推动产教融合事业的全面发展。

国外产教融合协调机构已经成立了很长时间，政策之间相互掣肘的现象较少，协调机制健全，并取得了很好的效果。院校集群的发展既需保持教育系统内部结构的动态平衡，也要与产业集群融合，负责监控和监管企业与高校之间的所有事务。

然而，我国产教融合的政策协调机制存在着一些问题，其具体表现为：一则权责划分不清。政府、高校和企业在产教融合中的具体职责和权利划分不够清晰，可能导致在实施过程中产生管理混乱和责任不明的问题；二则信息不对称。政府、高校和企业之间存在信息不畅通或不对称的情况，导致各方对政策理解存在偏差，影响协同合作；三则缺乏有效的监管机制。一些机构或企业可能存在违规行为，损害了产教融合的公平性和可持续性。

8.2.8.2　产教融合政策协调机制的具体措施

借鉴国外产教融合政策协调机制的先进经验，结合我国实际，应用型本科院校政策协调机制可以采取以下几个主要措施。

首先，政府将协同教育、财政、行业等多个部门，成立一个专门的产教融合决策与执行委员会。该委员会应当由政府主导，包括高校和企业的代表负责整体协调和推动产教融合工作；主动促进政府、高校、企业之间的信息共享，负责协调高校和企业之间的沟通，并监督产教融合的实施过程。

其次，建立信息共享平台。搭建在线平台或系统，通过在线平台分享信息、沟通合作进展、解决问题，确保各方在政策理解和执行方面达成一致，进而实现政策文件、项目信息、经验分享等信息的及时共享，提高各方的透明度和协同效率。

最后，加强监管和评估。确立有效的监管机制，及时追踪和监测产教融合项目，定期进行绩效评估，及时发现问题并进行修正。同时制定明确的奖惩机制，对于在产教融合中取得显著成绩的高校和企业给予奖励，对于违规行为进行惩罚，激励各方积极参与。建立产教融合问题热线或在线平台，提供实时咨询服务，解答各方在产教融合中遇到的新情况。以便及时有效地解决产教融合存在的问题，促进产教融合的有序运行。

9. 案例研究：农银长江学院产教深度融合的探索与实践

湖北经济学院"农银长江学院"产教深度融合的探索与实践案例研究也称个案研究。所谓的个案研究是其以某一特定个体、单位、现象或主题为研究对象，通过广泛收集有关资料，了解研究对象内在与外在的相互关系，以达到深刻认识相关问题之目的。这是一种常见的科学研究方法。本课题采用该方法，可以明确和深化产教深度融合的研究主题，达到深入剖析的效果。因此，本章以湖北经济学院首个省级示范实习实训基地——农银长江学院为例，介绍其产教深度融合的实现路径、特色、优势以及取得的成效，分析存在的问题，并提出优化产教融合模式的建议。

9.1 农银长江学院产教融合模式改革的必要性

9.1.1 外部：经济结构调整倒逼教育结构调整

中国 21 世纪处于高等教育结构调整的第二次浪潮。我国高等教育转入大众教育阶段，社会经济发展对人才需求的多元化，必然直逼高校进行战略性的结构调整，促进人才培养目标和教学模式的改革。党的十八大以来，我国加快了经济结构的调整、提高经济质量的步伐，这势必要求加快高等教育转型、加快高等教育结构的调整，创新人才培养模式。

面对经济社会对人才的巨大的新的结构需求，然而地方性本科院校发展却处于人才培养结构单一、教学模式僵化、就业率低、专业对口率低等困境。大学毕业生供给与需求不匹配，出现了结构性就业困难。因而，应用型本科院校应该主动调整教育结构，进行教育结构转型。

湖北经济学院是 2002 年由三所专科学校合并而成，是所地地道道的地方应用型本科院校，也是在我国高等教育普及化的背景下专科院校纷纷升格为本科院校的缩影。为适应地方经济社会发展对金融人才的需求，湖北经济学院金融学院专注于培养具有创新精神和开拓能力的金融人才，以适应经济结构调整，提供合格的大学毕业生，推动地方经济社会发展（许传华、郭金录，2014）。①

因此，可以说湖北省经济学院农银长江学院的成立及产教融合模式的改革与创新是经济结构调整之必须，也是缓解目前大学毕业生供求失衡的必有手段。

9.1.2　内部：特色内涵发展内逼教育结构调整

突破同质化是应用型本科院校的生存之道（刘江栋，2016）。② 面对经济社会发展对人才需求多元化的新常态，地方本科院校只有走差异化特色发展出现之路，求生存、促发展。特色就是基于自己的已有基础与优势，面对客观环境，主动性寻找发展策略，使自身进一步增强，形成一种比较竞争优势。特色既是一种理念，也是一种战略。高等教育新形势下面临新的挑战，地方性本科院校必须客观自身定位，结合区域经济发展需求，创新人才培养模式，走特色化发展之路，增强竞争力，发挥后发优势。这就需要应用型本科院校注重差异化发展，以特色强校，带动后发优势，以特色内涵发展内逼教育结构调整。

武汉市高校林立，开设金融学本科专业的高校众多，既有武大、华科大、

---

① 许传华，郭金录. 地方本科高校订单式人才培养特色范式的宏观思考——以湖北经济学院共建"农银长江学院"为例 [J]. 金融理论与教学，2014（6）：8-14.

② 刘江栋. 构建应用型本科人才培养模式——地方本科高校转型发展之路 [M]. 天津：南开大学出版社，2016.

中南财大等部属院校，也有湖北大学、长江大学等地方性高水平本科院校。湖北经济学院金融学院金融学本科专业如何寻找差异化发展，办出特色，彰显金融办学历史长的优势，重振昔日中南地区"金融黄埔军校"的雄风，成为迫切需要破解的一道难题。

经济的快速发展，金融创新加快，金融竞争加剧。专业复合型人才作为战略型资源，对金融行业的竞争与发展尤为重要。据统计，中国农业银行人员总体年龄偏高，学习能力、素质以及学历良莠不齐，普通金融人才供过于求，而高级金融银行业人才严重短缺。由于金融行业对金融学专业知识和人员综合素质要求较高，且银行业员工流动性较大，一方面经验丰富的员工不断流失，另一方面新员工的人才培养周期较长，这就增加优质的新员工供给。

结合中国农业银行湖北省分行的现有人力资源特征和对未来人才需求的状况，湖北经济学院与中国农业银行联合成立"农银长江学院"，利用过去人民银行直属的院校，与金融机构关系密切的优势，实行产教融合，以农业银行标准的岗位能力学习为载体，行校（校企）合作（见图 9-1），致力为农行培养订单式高质量的对口人才，实现人才培养模式创新，走特色内涵式发展之路，拓展了生存发展的空间，实现学校教育与人、企业创造价值和学生职业发展多方互赢的良好局面。

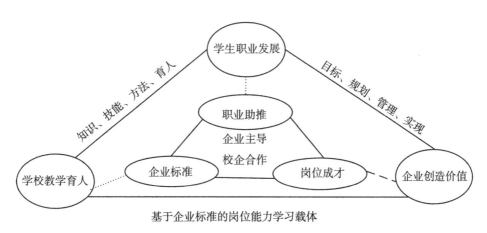

图 9-1 校企合作培养目标

总之，在外在压力和内在动力的驱动下，湖北经济学院金融学院主动寻找机会与中国农业银行湖北分行联姻，于 2012 年 12 月成立。该学院的成立，欲通过产教融合实践与创新，力争在人才培养模式改革方面，走出一条体制机制创新之路。

9.2 农银长江学院产教深度融合的实施路径

实施产教融合，首先需要确定人才培养目标，即人才的定位与设想。确定人才培养目标并构建相应的体系是高校建设的核心之所在。随着区域经济的发展，国家对教育战略进行了响应的调整，将培养适合国家战略部署以及服务地方经济的实践型人力资源作为地方本科院校的培养重点。面对经济转型和产业升级换代，我国对于高素质实践型人才的需求量不断提高，深化产教融合、校企合作刻不容缓。

湖北经济学院和中国农业银行湖北分行合作建立的"农银长江班"，由湖北经济学院金融学院和农业银行湖北省分行人力资源部共同制定人才培养方案，有着强烈的专业性和方向性；和传统金融学专业相比，农银长江班的同学在毕业前就已经掌握了农行的运营模式和企业文化，毕业时通过面试上岗后，可以高质量地完成工作，这也正是农行长江班的建设初衷，给致力于去银行工作的同学提供更全面、更专业的培养模式。农银长江学院的创建积极推进了人才培养模式的不断发展和革新，现在已经提出"六个共建"的合作机制（如图 9-2 所示），即共建人才培养方案、共建学生选拔机制、共建双师教学团队、共建人才评价体系、共建实习实训基地、共建长效工作机制，为农业银行湖北省分行培养订单式金融专业人才（熊劼，2017）①。

---

① 熊劼. 校企合作背景下应用型金融人才培养模式探究——以湖北农银长江学院为例 [J]. 金融经济，2017（6）：153-154.

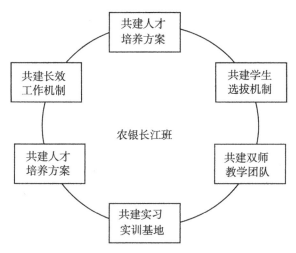

图 9-2　农银长江学院产教深度融合的实施路径

9.2.1　共建人才培养方案

习近平总书记曾言："所有的知识要转化成能力都要躬身实践。"① 因此，如何培养学生的实践转化能力成为应用型本科高校实施产教融合的关键所在。

湖北经济学院以创新为理念，以"产学合作，协同育人"为行动指南，推进产教融合。学校利用教学空期，组织教师队伍深入企业交流学习，了解企业行业对专业型人才的需求，由此进一步规范整合专业课程，加强实训课程的应用性，构建专业课程体系。由此，金融学院和农业银行在农银长江学院理事会和湖北经济学院教务部的指导下共同制定了农银长江班的人才培养方案。该方案以培养订单式人才为目的，在课程设置、选拔方式、学生管理等方面都突显了农银长江班的特色，与传统金融专业相比，该方案更具有目的性和特色性。在课程设置方面（如图 9-3 所示），传统金融学专业是以培养

---

① 新华社. 习近平：在知识分子、劳动模范、青年代表座谈会上的讲话 ［EB/OL］. http：//www. scio. gov. cn/31773/31774/31783/Document/1476158/1476158. htm.

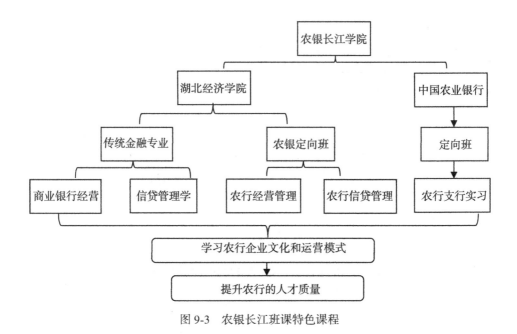

图 9-3　农银长江班课特色课程

在银、证、保等金融部门胜任各种职业，具有团队协作、解决问题的能力的专门人才。开设了宏观经济学、微观经济学、计量经济学、会计学、财政学、管理学、货币金融学、国际金融学、商业银行管理学、证券投资学、公司金融、风险管理与保险学等专业课，通过以上课程让学生全面了解金融行业。而农银长江班增加了有关中国农业银行企业文化熏陶和岗位实习实践训练，具有更强的方向性和创新精神，更加注重学生实践能力的培养。和传统金融学专业学生相比，农银长江班采用了将专业课程与农业银行业务相结合的独特教学模式，例如将商业银行经营学调整为农业银行经营与管理学，将信贷管理学调整为农业银行信贷管理，将银行会计调整为农业银行会计等，凸显了该班级在课程设置方面的独特性。这种调整不仅在课程和学分设置上更具有明确的定向性，而且还强调了农业银行的实际业务需求。此外，农银长江班还包括了一系列与农业银行日常工作密切相关的课程，如农业银行运营管理、农业银行全面风险管理、农业银行公文写作等。这些课程的设置旨在让学生在早期就深入了解农业银行的企业文化和运营模式，从而提升他们在农业银行工作中的专业素养。农银长江班的目标是实现个性化、多元化、专业化的培养,培养出复合型、实干型、应用型的人才。

9.2.2 共建学生选拔机制

为培养"应用型、技术型、复合型"的金融人才,保证学员质量,"农银长江班"会在每年新生开学不久派专人在学校进行宣讲,向同学和家长提前传达"农银长江班"的培养目标、培养方式、选拔方式、实习安排以及工作前景等,让同学们真正了解该班的办学理念。

为了保证教学质量以及资源的最优化,"农银长江班"每年只招收一个班,每班人数不超过 50 人。该班招生以金融学院为主,每年于大一上半学期期末面向全校进行选拔,优先考虑有志于毕业后到湖北省农行系统工作的学生。选拔原则是以"自愿报名、双向选择、诚信就业"为导向,校方对学生的学习能力、专业潜力进行综合评估,并以此向农行推荐人才,继而,湖北省农业银行对学生综合能力,职位潜力进行评估,聘请第三方独立按照双方面试结果筛选,择优录取。录取以后进行相关公示,并由家长签署"承诺书",确保学生家长知情学生于毕业后至湖北省农行就业,保证诚信就业。和传统金融专业相比,"农银长江班"同学的综合素质相对更高,这也能为农行提供更优质的高素质金融人才。

9.2.3 共建"双师"教学团队

在实践教学中,应将专业理论知识和学生未来的职业岗位需求相结合,更好地实现学以致用,培养学生独立操作的意识和能力。

湖北经济学院和农业银行联合开展换岗学习,一方面,学院邀请实务指导团队成员入校进行访问学习,开展相关科研活动,农行聘请学校的专职教师到企业挂职或顶岗工作,不断更新双方的知识结构,增强教师的实践能力;另一方面,学院也为企业导师提供更多的课堂,让他们在学习了解最新金融知识的过程中,快速掌握教学技巧,近距离了解接触学生,加强企业同学校的联系，实现校企资源共享。在深度交流的基础上，双方的指导团队将共同深入研究特定课题，以合作的方式编写实习实训教材和教辅资料，以进一步提升实务指导团队的专业水平。

此外，湖北经济学院也会外派教师团队前往兄弟院校交流，学习他们产教融合模式，取长补短，为我所用。湖北农行内部组织进行知识与技能竞赛、实务经验交流、兄弟单位访问学习等活动，以此不断强化实务指导教师团队的专业技能。

9.2.4 共建人才评价体系

受传统教育思想的影响，大部分高校还是采取期中期末这种考试方式测评学生的掌握情况，但对于培养高等应用型人才的学校来说，这种方式严重制约了高素质人才的培养。高校毕业生将直接面临社会和用人单位的考核，因此"农银长江班"的培养模式必须满足社会，特别是农业银行的需求。因此在制定人才评价体系时，学校和企业应共同商议，以市场人才需求为导向，构建满足个性化培养与质量标准相匹配的人才培养评价体系。通过协商研讨，"农银长江班"的教学计划由金融学院与农银共同商定，部分专业课程由校外导师参与教学，教学设施设备方面创建模拟银行工作的教学环境，同时将考核评价方式分为学校教学和实践评价两部分，让学生真正体会到理论和实践充分融合的重要性。学校还将以往的期中期末考试改为模块性考试，每学完一个模块及时检测教学成果，并对每个模块进行评价。同时特别强调实际解决问题和知识运用能力，以企业真实案例引导教学，把传统的系统化教学方式转变为真实案例驱动，将真实的银行业务加入评价方案中，了解学生的真实学习情况。

通过引入案例教学，"农银长江班"的应届毕业生就业率、就业质量、发展前景有了大幅度提高。截至 2022 年 12 月底，"农银长江班"100%的就业率和超过 90%的专业对口率等指标均处于金融学院的领先地位。

9.2.5 共建实习实训基地

在学习基本理论知识的基础上，应将基本理论知识的传授和实践活动的培养相结合，形成心智技能。而实际情况却是，传统大学的学生"两耳不闻窗外事"，缺乏实际运用知识的环节，面对这一困境，湖北经济学院与中国农业银行湖北省分行各司其职，金融学院通过开设农行运营管理、农行全面风险管理、农行公文写作等课程，为学生提供了理解农行企业文化和工作模式的机会，为实习打下了坚实基础。至于指导"农银长江班"实习实训工作的责任，则由中国农业银行负责安排。仅在 2023 年 7 至 8 月，中国农业银行湖北省分行安排了 41 名农银班学生到农业银行襄阳分行进行了超过 40 天的实习。在实习期间，农银长江学院负责人深入网点，真切地了解学生们的工作和生活情况。

此外，农银长江学院也承接了湖北农行对公业务部"千人能力培训工程"、营运部骨干业务培训、农业银行湖北省分行中层干部轮训、个人银行部等业务培训。这些培训项目已经让湖北农行的 4000 余名员工直接受益，有力地提升了他们的专业能力和业务水平。这些举措促进了校企合作，为学生和员工提供了更贴近实际工作需求的教学和培训，助力他们更好地适应金融行业的发展和挑战。

9.2.6 共建长效工作机制

为了建立长效工作机制，湖北经济学院与中国农业银行合作建立的"农银长江班"首先，应建立专业化教学团队，充分保障教学过程。因此，教学团队的选择是成立"农银长江班"的基础。其次，主动向校企双方公开学生的学习成效，畅通导师与学生的沟通渠道，实行全方位教学与个性化辅导相结合的模式，保证教学班学生的整体质量。第三是建立末位淘汰机制，通过考核选出不适合农行工作性质的学员，帮助其寻找适合的方向，保证班级人才的职位匹配度。最后，双方需不断完善教学内容和培养方案，举办研讨会等活动，不忘培养初衷。

另外，如图 9-4 所示，为使双方能联合组织开展高水平学术交流以及联合课题研究，2013 年双方还共同建设大学生金融创新与实习实训基地，并以此制订相应的培训教育计划，通过农业银行湖北省分行与湖北经济学院共同开办、发展、引领、对接农银长江学院，使农银班的学生能够更好地适应未来农行的工作模式，更好地为农行提供价值。

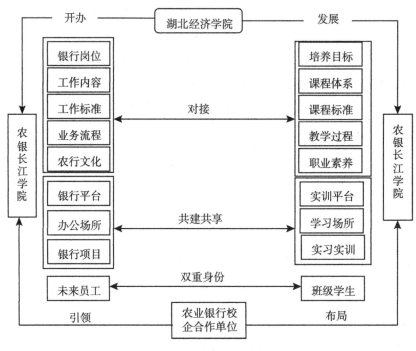

图 9-4　共建实训平台

9.3　农银长江学院产教融合人才培养成效

湖北经济学院与中国农业银行的校银协同创新人才培养体系效果明显，成效显著，优化了学校教学过程，提高教学质量和资源转化率，创新了培养模式。"农银长江班"的开设不仅对湖北经济学院的办学水平进行了提升，更为适应地方高校教育改革与发展起到了一定推动作用。其成效可以从定性与定量两个角度来分析。

9.3.1 教学质量再创佳绩

一是学生科研成果丰富、质量较高。例如 2016 年，5 项作品斩获湖北省大学生优秀科研成果奖一、二等奖，在同层次学校中排名第三。2022 年有 2 项获得了全国大学生创新创业训练项目的支持。

二是毕业就业率较高。2014—2022 年金融学院本科毕业就业率为 93% 左右，而农银班的毕业生就业率达到了 100%（包括考研），充分显示了农银班培养质量较高，社会认可度较高。

三是农业银行招聘考试过线率较高。自农银班成立以来，在产教融合、行校合作方面进行了一系列的制度创新，培养了契合农行高质量发展的人才，农银班农行招聘过线率远远高于平均招聘过线率（见表 9-1），2014 年首届毕业生就业率达到了 100%，其中 38 人参加中国农业银行总行组织的校园招聘笔试，该班是全国唯一一个参加中国农业银行总行笔试通过率 90% 的班级，其中，肖迪宇同学更是同时收到了人民银行、工商银行、农业银行、交通银行、建设银行五大行的录用通知。

表 9-1 农业银行招聘考试过线率

年份	2014	2015	2016	2017	2018	2019	2020	2021	2022	2023
农银班过线率	90%	91%	89%	87%	88%	85%	86%	88%	88%	87%
招聘过线率	44%	42%	41%	39%	36%	31.3%	25%	20%	19%	20%

四是考研录取率较高。考研录取率是衡量高校教学质量的重要指标，金融学院每年平均考研录取率约为 15%，而农银班每年平均考研录取率远远高于金融学院平均水平，超过 20%，不乏同学进入"985 工程""211 工程"大

学，攻读硕士学位研究生，如表 9-2 所示。

表 9-2   农银班与金融学院考研录取率

年份	2014	2015	2016	2017	2018	2019	2020	2021	2022	2023
农银班录取率	21%	20%	21%	20%	22%	20%	23%	21%	22%	24%
金融学院录取率	12%	13%	15%	16%	18%	13%	16%	17%	16%	18%

9.3.2 培养模式不断创新

为实现农银长江学院"建成高级应用型专门人才培养高地和地区技术创新与应用基地"的中长期发展目标，学校领导每年带队定期走访农业银行实习基地，了解农银班同学的实习情况以及遇见的问题，并有针对性地回答。同时还会定期与同学们以及农行工作人员开展交流会，对农行业务及产品改进提出合理化建议，从而紧密维系了与银行行业的血脉联系。

通过不断交流改进，农银长江学院提出"六共建，六重点"的培养模式，以及"双师为主，两师为辅，四师合一"的制度。其中"六共建，六重点"是在原来的六大共建机制上，针对每一点明确其目的和重点培养目标，帮助农银长江学院建立更有效，更优化的培养模式；即共建人才培养方案时，重点是考虑岗位实际需求；共建学生选拔机制时，重点是培养学生的基本技能；共建双师教学团队时，重点是强化实践教学环节；共建人才评价体系时，重点是培养学生的职业素质能力；共建实习实训基地时，重点培养学生的实践能力；共建长效工作机制时，重点是保障农银班的办学质量。

"双师为主，两师为辅，四师合一"制度（如图 9-5 所示）即是针对不同年级开展不同的培养目标，不同的导师从不同的角度指导学生，全面提高同学们的素质。班主任和辅导员作为学生职业规划的参谋者，充当同学们的后援力量，关注同学们的思想、生活工作；校内导师帮助同学们快速、全面、扎实地掌握专业知识成为学习生涯中的领航者；校外导师则拓宽学生的眼界和见识，提升学生的实践能力，为日后与社会接轨打下坚实基础。通过"四师合一"，确保农银班课程的有效性与先进性，专业建设的科学性和实用性。

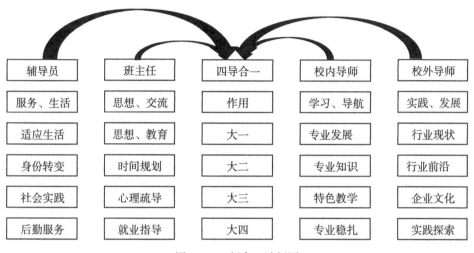

辅导员	班主任	四导合一	校内导师	校外导师
服务、生活	思想、交流	作用	学习、导航	实践、发展
适应生活	思想、教育	大一	专业发展	行业现状
身份转变	时间规划	大二	专业知识	行业前沿
社会实践	心理疏导	大三	特色教学	企业文化
后勤服务	就业指导	大四	专业稳扎	实践探索

图 9-5 四师合一计划图

9.3.3 人才培养方案不断优化

农银长江学院人才培养方案包含了人才培养目标、人才培养规格、人才基本素质、农院课程体系、课程设置等内容的整体设计与确定。该人才培养方案满足了银行和学院的发展和需求，通过一系列的教育培训和发展措施，旨在培养出具有应用型创新的高素质和金融人才，以满足社会和经济的发展需求。为满足应用型本科高校产教融合发展的要求，自 2012 年以来，湖北经济学院和农业银行合作，每年都会定期展开研讨会，不断更新《农银长江班人才培养方案管理办法》《农银长江班人才培养方案的原则意见》等制度，在农银长江学院人才培养方案中突出实践教学内容，保证人才培养方案逐步向培养应用型技术人才目标上过渡。这不仅拉近了湖北经济学院与银行业的空间距离，加快了校银双方的信息沟通，还加强了银行业产品的开发与应用、为银行业的创新和发展提供强有力的支撑。同时湖北经济学院金融学院对银行的人才需求有了更深入、准确的了解，从而能设计出更有针对性的人才培养方案，包括培养规模、教学模式、优化方向、实训目标和实现途径等，让学生更加精准地对接农行的发展需求，缩短农业银行的人才培养周期，降低人才培养成本，促进农业银行的快速稳健发展。

通过研究讨论，学院在教学实践过程中对农银班实行严格的管理制度，这能够帮助老师和学生快速发现理论和实践教学中存在的问题，并及时改正，保证教学质量。帮助学校不断改进培养模式，学院会在学生完成学业通过招聘进入农行后，对毕业生进行跟踪调查，通过农行以及学生个人的反馈，优化教学流程，提高办学质量。

9.3.4　社会效应显著提高

2012 年 12 月 21 日，中国农业银行湖北省分行与湖北经济学院共建"农银长江学院"签约暨揭牌仪式在国际学术中心隆重举行。来自光明网等网络媒体的记者对湖北经济学院产教融合进行了多次深入采访，成果也在《光明日报》等新闻媒体进行专题报道。农业银行湖北省分行与湖北经济学院有着极深的渊源，学校金融学专业人才培养目标与中国农行湖北省分行的发展战略和企业文化存在高度的契合性，双方在服务湖北经济社会发展、行校合作等方面开展的深度合作，取得了可喜的成绩。学校金融学专业作为国家级特色专业，具有鲜明的行业特色，始终致力于培养"面向基层、面向一线"的应用型金融人才；中国农业银行湖北省分行一直以来坚持面向"三农"，服务大众，为湖北经济发展尤其是县域经济发展做出了重要贡献。因此湖北经济学院与中国农业银行湖北省分行共建"农银长江学院"，在人才培养、服务社会和学术交流等诸多领域取得了累累硕果。这些成果的取得也让近百所省内外高校前来考察学习，在交流过程中获得产教融合办学模式的相关经验。

基于农银长江学院的金融学本科专业在产教融合、校企合作的人才培养模式的改革与创新取得以上显著的成绩，以农银长江学院金融学本科专业为龙头的湖北经济学院金融学院金融学专业,于 2019 年入选国家级一流本科专业建设点,2020 年金融学必修主干课《货币金融学》也成功获选国家级一流本科课程。这又进一步印证农银长江学院产教融合、校企合作模式改革之路可行,前途光明。

9.4 农银长江学院产教融合的困境

9.4.1 导师师资"潜力无限"

校内外导师结合教学是实施产教融合的基础。农银长江学院在选拔校内外导师时更多地向拥有银行工作经历的求职者伸出橄榄枝,但部分老师并没有系统训练教学方法和技巧,只是通过考取教师职业资格证书。由于教师人数较多,学院不能保证定期为老师提供培训,帮助他们了解行业的新方向和新知识,主要还是得靠老师个人私下学习了解。因此,老师就不能将其及时的介绍给学生,实训教学任务无法与时俱进。另外,有些教师在成为应聘上校外导师后,并没有参加农银长江学院举办的后续教育教学培训,学院也没有建立专门的制度对校外导师进行教学能力的定期考评,导致一些校外导师可能徒有其名,从而影响到学生专业技能的提高,使农银长江班的实践教学开展不够深入。因此,农银长江学院实践教学师资队伍潜力有待进一步挖掘。

9.4.2 保障机制"美中不足"

产教融合是一种资源的再整合,也是教学模式的创新。但目前国家没有出台明确的政策保证双方的责任和义务,没有相对应的机构对其进行管理,缺少保障机制,这就容易造成双方权力和利益无法平衡,即学校在校银合作中没有主动权。学校与农业银行的合作意在通过解决更多学生的实习和就业问题,但在这一合作中存在一些挑战。首先,由于农业银行的国有性质,其对学生招聘缺乏完全的自主权。银行招聘过程受到严格的流程化管理，这导致农银班学生难以完全确保全部毕业生在农行系统就业。其次，学生方面存在倾向于放弃农行工作的情况，尤其是当他们找到更有吸引力的就业机会时，这可能导致农业银行在教育投资上的损失。最后，尽管农行与学校建立了理事会，并签订了合作合约，合作已经渗透到各个阶段，但当前产教融合合约机制并不够完善，缺乏强有力的法律效应。在就业方面，双方通常只能达成口头协议。如果银行无故减少招聘人数，学生的权益就无法得到制度上的保障。

9.4.3 培养方案"安于现状"

培养方向清晰明确是保证校银合作效益的基础，是校银双方持续发展、共同进步的保障，是农银长江学院"合作办学、共同育人"理念的体现。但是在教学过程中，教学方法与手段不够创新，授课内容较为陈旧，难以贴合农行的需求。因此，农银长江学院教师对参与该合作的积极性和认识有待提高。其次，学院办学形式相对单一，学生对于理论知识的应用落实到实践之中的机会较少。此外，由于经费有限，学生数量多，实训基地数量有限，部分学生也不能很好的参加实训，导致实训教学效果大打折扣。最后，在教学和实习阶段，农银班缺乏相应的监管机构，没有人员对点进行教学考核，对阶段中出现的问题无法及时纠正，一定程度上使实践的效果大打折扣。

9.4.4 人才评价体系"白璧微瑕"

校企合作是学校进行产教融合、提高学生动手能力及专业技能的有效途径之一。作为需求方，农行应该进一步参与到湖北经济学院的人才培养的过程中。农银长江学院的成立正式以共同建立人才评价体系为宗旨，但农业银行与湖北经济学院的运行体制机制存在差异，侧重点各有不同，导致最终的评价体系对双方都不是最优选择，从而使教学和实践评价相脱节。因此，农银长江班培养的学生对农业银行的反哺有限，会让农银对学生的职业技能培训视为额外负担。时间证明，校企双方在权利主体和利益诉求方面的不平衡，导致难以建立长期合作关系。因此，如何建立基于双方利益共赢的人才评价体系，对促进产教融合顺利进行意义重大。

9.5 优化农银长江学院产教融合模式的建议

9.5.1 加大培训力度，提升"双师"素质

为了确保教师培训的高质量，农银长江学院需要建立一套完善、科学、规范的教师培训体系。这要求学院充分发挥湖北经济学院和农业银行的各自优势，灵活多样地进行师资培训。湖北经济学院是高等财经院校，在理论知识传播、前沿技术培训方面存在天然优势。而农业银行又是专业的实训单位，在实操方面占据绝对的优势。因此，在深化教师的实践技能培训方面，学院应该采取"保优势、补短板"的措施。在农银业务等实践技能培训项目上，学院应该组织教师进行换岗锻炼，安排所有相关老师到第一线进行实践培训，参与实践操作，近距离接触农行的业务和员工，通过实践锻炼，加强教师动手解决实际问题的能力，让教师真正掌握实践技能，保证实践技能学习的高效性，提高教师实践技能培训的效果。

在确保教师培训的效果和提高培训的效率方面，农银长江学院应该对教师和培训进行细致分类，并制定具体而有针对性的培训方案和计划，确保其顺利实施和有效落实。目前已被广泛接受的培训分类方式包括按照培训时间、培训内容、培训对象和培训形式等进行划分。因此，农银长江学院还应该根据教师的个人情况、发展方向、个人意愿以及学院的需求，制定个性化的教师培训方案。对那些理论教学为主、实践技能相对较弱的教师而言，为了帮助他们提升实践能力，最大程度地保障教学效果，学院可以进行专业技能培训。根据学校的实际情况和个人意愿，可以选择在职培训或脱产培训的方式进行企业顶岗锻炼培训，有针对性地提升教师的专业技能，确保培训教师综

合素质提升的效益最大化。

9.5.2 创新课程体系，提升专业应用能力

学院可以依据农业银行对复合型人才的需求，调整课程设置，适当减少通识选修课和专业选修课的学分，同时增加农行定向培养必修课的学分。为了更好地满足农业银行的要求，学院还可以邀请一些在农业银行担任一线业务骨干的专业人才来校，参与专业课程和实践实训课程的教学与指导工作。这样的举措有助于使课程更紧密地贴合农行的实际业务需求，提高学生的专业素养和实践能力。开发一些有关农业银行的专业核心课程，涉及农行各类业务技术方面的内容，使学生更好地适应农行业务发展的新趋势。比如，为适应商业银行的国际化趋势，必须培养外语娴熟、了解外汇业务、国际结算、外汇资金运作等业务的金融人才，只有这样培养的金融人才方能在国际化竞争中求生存、求发展。同样，在银行信贷方面，营销能力必不可少。因此，在培养银行后备人才时，不仅需要他们掌握银行领域的专业知识，还必须具备一项或多项相关专业知识。在课程设计方面，有必要帮助学生熟悉复合型信贷营销业务，以有效预防银行资产风险。这一方面是为了提高学生解决金融管理和技术问题的能力，另一方面则是为了培养他们成为具备"技术型"金融专业素养的人才。为学生提供稳定的银行业务实训和模拟场所，提升学生应用操作能力；同样需要不断培养学生的创新意识，提升他们的创新创业能力，以为未来的职业生涯做好充分准备。在专业教学中，大二阶段安排学生对银行业和银行业务进行了解和接触，完成了专业知识的认知。在大三阶段，学生将统一进行专业实习，进入银行从事个人储蓄、现金出纳、会计核算、银行卡、客户经理等岗位的顶岗实习和毕业实习。通过实际岗位的实践锻炼，帮助学生真实地将所学知识应用于实际工作中，达到理论与实践相统一的境地。同时，学生也会发现自身在实际工作中的短板与差距，回到学校后能有针对性地进行学习和提升。通过巧妙地结合校内实验和校外实训，有助于提升学生的实际动手能力和操作应用能力。这种有机结合的培训方式有助于学生更全面地发展他们在专业领域的技能，为将来从事银行业务工作打

下坚实基础。

此外，科技革命和产业革命正在重塑新时代高校新生态，以跨界融合为特征的新技术、新产业、新业态、新模式的"四新"经济蓬勃发展，打破了传统企业的边界和运营模式，催生了对知识复合、学科融合、实践创新能力强的应用型财经人才的强烈需求。因此，在此背景下，以数字技术赋能推动"新财经"人才培养模式改革实现"新财经"高校战略转型成为新时代财经高校发展的新路径。农银长江学院借助于"新财经"改革的探索，将互联网和人工智能等新技术成果运用到金融学专业人才培养，实现文理工交叉。因此，有必要在课程设置上加大金融科技、数据挖掘等课程的建设，既是服务于"新财经"改革的需要，也是满足于农行传统金融服务转型之需要。

9.5.3 完善激励考核，保障培养成效

农银长江学院的培养方案在确保学生全面发展和适应未来职业需求方面扮演着至关重要的角色。然而，要保证培养方案获得应有的成效，必须建立完善的考核机制，以确保学生在学业、实践和综合素养方面都能够达到预期的标准。

首先，考核机制应当涵盖多个层面，包括学术成绩、实习实践、综合能力等。学术成绩是学生学业表现的一个重要指标，但培养方案的目标通常不仅仅是培养学科知识，还包括培养实际应用能力。因此，实习实践的考核同样至关重要。这可以通过实习报告、导师评价、企业反馈等方式来进行评估。

其次，培养方案的成效也应当通过学生综合素养的提升来体现。综合素养包括沟通能力、团队协作、创新能力等方面。可以通过项目作业、团队项目评估、口头演讲等方式来考核学生在这些方面的表现。这有助于培养学生具备更全面的职业素质，提高其在未来职业生涯中的竞争力。

再次，建立定期的评估和反馈机制也是关键的一步。通过定期的学业指导、个人发展规划等方式，对学生进行全面的评估，并提供个性化的指导和反馈。这有助于学生更好地理解自己的优势和不足，进而调整学习和发展方向。

最后，考核机制的建立还需要教师团队的支持和参与。教师应当在培养方案设计阶段就考虑到考核的可行性，并在执行阶段积极参与评估和反馈的工作。同时，培养方案的评估也应该是一个动态过程，随时根据学生和行业需求的变化进行调整和优化。

总体而言，建立完善的考核机制对于确保农银长江学院培养方案取得预期的效果至关重要。这不仅有助于提高学生的学业水平，更能够培养出适应未来社会需求的人才。

9.5.4 提高农行积极性，深入探索共建机制

农业银行应致力于培养应用型人才，以满足其自身发展需求。这类人才的培养应强调在农业银行实际业务中的实践探索。为了实现这一目标，农业银行湖北省分行需要清晰地定义对高素质应用型人才的需求，并积极与湖北经济学院合作，通过产教融合的方式真正培养出满足银行要求的人才。考虑到农业银行在不同时间段对人才的不同需求，建立积极的与学校之间的联系尤为重要。农业银行应不断改进培养方案，制定灵活的学习制度，以更好地适应不同时期的人才需求。作为农银长江学院的合作方，农业银行还应积极参与实践教学，提供学生实训和实习的场所，提升专业素养和适应市场的能力。同样重要的是，在学校管理方面推进创新，引入现代化的银行管理制度和治理结构，从而为学生提供更符合实际运作的教育。通过与学校的深度合作，农业银行能够将其先进的管理理念融入学校日常管理学习中，实现学校教育与实践的有机结合。最终，这种紧密合作可以实现双方的共赢，为学生提供更全面的实践经验，同时满足农业银行不断变化的人才需求。

作为农银长江学院的合作方，农业银行还应该积极地投身于实践教学中，保障学生的实训实习的基地。同时，农业银行还应在制度层面推动学校管理的创新，认识到现代化的银行管理制度和治理结构对于在激烈市场竞争中取得领先地位的重要性。积极参与教学实践的农业银行可以将其先进的管理制度、质量经营意识和竞争意识引入学校的日常管理学习中，促进学校教育与实际操作的紧密结合。在内部发展方面，农业银行需要不断塑造和完善自身

的文化氛围和素养。通过与学校深度合作，银行可以在其文化的影响下培养符合自身需求的人才。银行员工也应主动将自身的银行文化与校园文化融合，将文化元素引入学校的日常学习中，为学生提供更深入了解企业运作的机会。这种密切的互动让学生在实践中真切感受到银行的工作环境，使其对农业银行有更为直观的认识，最终实现双方的共赢和良性互动。

附　　录

附录1　产教融合问卷（企业版）

尊敬的受访者们：您好！

　　首先对您在百忙之中抽空填写本次调查问卷表示最高的谢意！本研究旨在调查产教融合政策执行现状，发现产教融合政策执行中存在的问题，提出促进产教融合政策执行的建议对策。本次调查问卷采用匿名作答，您的填答结果将严格保密，并仅用于学术研究，请您放心作答。问卷中的问题没有正误之分，请您按照自己的意愿填答即可。非常感谢您的支持与配合！

　　一、企业一般信息

　　1. 贵公司的所有制类型为(　　　)（可多选）

　　　　A. 国有企业　　　　　　　　B. 集体企业

　　　　C. 股份合作企业　　　　　　D. 联营企业

　　　　E. 有限责任公司　　　　　　F. 股份有限公司

　　　　G. 外资企业　　　　　　　　H. 其他类型企业

　　2. 贵公司所处的行业当前的发展阶段是(　　　)

　　　　A. 投入阶段　　B. 成长阶段　　C. 成熟阶段　　D. 衰退阶段

　　3. 大专以上学历的科技人员占比情况(　　　)

　　　　A. 0~10%　　　　B. 10%~20%　　C. 20%~30%　　D. 30%~40%

　　　　E. 40%以上

4. 贵公司对产教融合创新的重视程度为( )，您认为合作单位是否重视( )

  A. 非常不重视 B. 比较不重视 C. 基本重视 D. 比较重视

  E. 非常重视

5. 贵公司对产教融合的成效的满意程度是( )

  A. 非常不满意 B. 比较不满意 C. 基本满意 D. 比较满意

  E. 非常满意

6. 贵企业认为目前参与的校企合作创新网络运行过程中存在的主要问题是( )

  A. 知识、信息交流不够畅通 B. 合作形式单一

  C. 目标不一致   D. 资源分配不均

二、产教融合运行评估

1. 贵公司在参与产教融合创新时，有无与高校、政府、中介机构及金融机构共同参与组成的以信息、人才、技术、资金的流动等具体形式之上的合作创新网络关系？( )

  A. 有   B. 无

2. 您认为贵公司的这种产教融合创新网络关系稳固吗？( )

  A. 非常不稳固 B. 比较不稳固 C. 基本稳固 D. 比较稳固

  E. 非常稳固

3. 贵公司与高校彼此的信任程度( )，与合作企业彼此的信任程度( )

  A. 非常不信任 B. 比较不信任 C. 基本信任 D. 比较信任

  E. 非常信任

4. 高校在合作中，能毫无保留地贡献自己的知识，你是否同意？( )

  A. 非常不同意 B. 比较不同意 C. 基本同意 D. 比较同意

  E. 非常同意

5. 在合作中，贵公司毫无保留地贡献自己的知识，你是否同意？( )

A. 非常不同意　B. 比较不同意　C. 基本同意　　D. 比较同意

E. 非常同意

6. 贵公司与合作伙伴（包括高校、企业），彼此之前经常合作(　　)

A. 非常不同意　B. 比较不同意　C. 基本同意　　D. 比较同意

E. 非常同意

7. 贵公司与合作伙伴（包括高校、企业）之间的沟通频度(　　)

A. 非常不频繁　B. 比较不频繁　C. 基本频繁　　D. 比较频繁

E. 非常频繁

8. 贵公司与合作伙伴（包括高校、企业）之间，是否有完善的制度约束来为合作的良好运行作保障(　　)

A. 非常不完善　B. 比较不完善　C. 基本完善　　D. 比较完善

E. 非常完善

9. 贵公司对技术创新活动组织学习的重视程度(　　)

A. 非常不重视　B. 比较不重视　C. 基本重视　　D. 比较重视

E. 非常重视

10. 贵公司能够把产学研合作当作一项长期投资而不是浪费时间？(　　)

A. 非常不同意　B. 比较不同意　C. 基本同意　　D. 比较同意

E. 非常同意

11. 贵公司对于在合作中有重大知识创造（包括产品、技术创新）的科技人是否设立专门奖项？(　　)

A. 奖励程度非常小　　　　　B. 奖励程度比较小

C. 奖励程度一般　　　　　　D. 奖励程度比较大

E. 奖励程度非常大

12. 贵公司对于有重大知识贡献（包括产品、技术创新）的科技人才的奖励程度大吗？(　　)

A. 非常小　　　B. 比较小　　　C. 一般　　　　D. 比较大

E. 非常大

13. 政府对于贵公司参与产学研合作创新，政策补贴程度如何？(　　)

　　A. 程度非常小　B. 程度比较小　C. 程度一般　　D. 程度比较大

　　E. 程度非常大

14. 政府对于在产教融合中有重大知识贡献（包括产品、技术创新）的个人的奖励程度大吗？（　　）

　　A. 奖励程度非常小　　　　　　B. 奖励程度比较小

　　C. 奖励程度一般　　　　　　　D. 奖励程度比较大

　　E. 奖励程度非常大

15. 金融机构为产教融合的重大项目给予优惠的程度如何？（　　）

　　A. 优惠程度非常小　　　　　　B. 优惠程度比较小

　　C. 优惠程度一般　　　　　　　D. 优惠程度比较大

　　E. 优惠程度非常大

16. 校企双方在合作中贡献的有价值的知识从未被外泄？（　　）

　　A. 非常不同意　B. 比较不同意　C. 基本同意　　D. 比较同意

　　E. 非常同意

17. 您认为我国是否迫切需要制定专门的产学研合作法律？（　　）

　　A. 非常不需要　B. 比较不需要　C. 基本需要　　D. 比较需要

　　E. 非常需要

18. 您认为我国的相关法律中，关于产学研合作的知识产权归属问题是否明确？（　　）

　　A. 非常不明确　B. 比较不明确　C. 基本明确　　D. 比较明确

　　E. 非常明确

19. 在合作最后，双方在利益分配上，发生纠纷的次数（　　）

　　A. 非常多　　　B. 此较多　　　C. 一般　　　　D. 很少发生

　　E. 从未发生

20. 您认为目前贵公司对合作伙伴（包括高校、企业）进行利益分配方式是否合理？（　　）

　　A. 非常不合理　B. 比较不合理　C. 基本合理　　D. 比较合理

　　E. 非常合理

21. 对建立促进产教融合创新持续发展的运行机制您有何建议？

附录 2　产教融合问卷（教师版）①

尊敬的老师们：您好！

　　首先对您在百忙之中抽空填写本次调查问卷表示最高的谢意！本研究旨在调查产教融合政策执行现状，发现产教融合政策执行中存在的问题，提出促进产教融合政策执行的建议对策。本次调查问卷采用匿名作答，您的填答结果将严格保密，并仅用于学术研究，请您放心作答。问卷中的问题没有正误之分，请您按照自己的意愿填答即可。非常感谢您的支持与配合！

　　1. 您在哪所院校任教（请填写单位全称）［填空题］＿＿＿＿＿＿

　　2. 您所任教的院校属于哪一个层次(　　)

　　　　A. 985　　　　　B. 211　　　　　C. 双一流　　　　D. 重本

　　　　E. 一本　　　　F. 二本　　　　G. 三本

　　3. 您属于哪一种岗位(　　)

　　　　A. 院校教学管理人员　　　　　　B. 院校行政管理人员

　　　　C. 院校专任教师　　　　　　　　D. 外聘教师　　　E. 其他

　　4. 您现在正在教授的专业课程（承担全校公共基础课的教师和不承担专业教学的管理岗位人员可不填）［填空题］＿＿＿＿＿

　　5. 您属于哪一个年龄段(　　)

　　　　A. 30 岁以下　　B. 30～39 岁　　C. 40～49 岁　　D. 50 岁以上

　　6. 您最高学历是(　　)

　　　　A. 专科及以下　　B. 本科　　　　C. 硕士　　　　　D. 博士

　　7. 您所在的院系有哪些产教融合方面的项目？(　　)［多选题］

　　　　A. 共建实习实训基地

　　　　B. 建立产业学院

────────────

　　① 产教融合问卷表（教师版）的设计主要参考了司一凡（2022）、李乔（2018）等学者的问卷设计，特此表示深深的谢意。

C. 共建专业

D. 建立师资资源共享机制

E. 举办咨询交流会议，提供技术咨询与交流

F. 学院为企业提供技术转让（专利等）

G. 其他 _____

8. 贵院系对如果促进产教融合是什么样的态度(　　)

A. 等政府牵线对接　　　　　　B. 学校主动联系

C. 等企业主动联系　　　　　　D. 其他

9. 贵院系希望产教融合达成怎样的目的？(　　)［多选题］

A. 实现学生就业对口

B. 协同育人，实现专业和课程共建

C. 引入企业行业师资，提高学生实践能力

D. 为企业提供各类培训服务，通过合作提高企业技术水平和产品开发能力

F. 其他

10. 贵院系对开展产教融合的积极性如何？(　　)

A. 完全不积极　B. 比较不积极　C. 基本积极　　D. 比较积极

E. 非常积极

11. 您认为与贵院系开展产教融合项目的企业积极性如何？(　　)

A. 完全不积极　B. 比较不积极　C. 基本积极　　D. 比较积极

E. 非常积极

12. 您认为贵院系在开展产教融合项目时，行业方对此的指导和监督力度如何？(　　)

A. 非常弱　　　B. 比较弱　　　C. 一般　　　　D. 比较强

E. 非常强

13. 您认为贵院系产教融合项目受到政府资金与政策的扶持力度如何？(　　)

A. 非常弱　　　B. 比较弱　　　C. 一般　　　　D. 比较强

E. 非常强

14. 您认为政府对进行产教融合的应用型本科院校的支持主要表现在哪些方面?(　　)[多选题]

    A. 组织调控　　　B. 政策保障　　　C. 资金补贴　　　D. 宣传扶持

    E. 无支持　　　　F. 其他

15. 贵院校开设的专业与当地产业的相关程度如何?(　　)

    A. 非常低　　　　B. 比较低　　　　C. 一般　　　　D. 比较高

    E. 非常高

16. 贵院校开设的专业对促进当地经济发展程度如何?(　　)

    A. 非常低　　　　B. 比较低　　　　C. 一般　　　　D. 比较高

    E. 非常高

17. 您认为贵院系的学生所学专业是否与产业人才需求要求契合?(　　)

    A. 完全不契合　B. 比较不契合　C. 一般　　　　D. 比较契合

    E. 完全契合

18. 您认为贵院系的开设的课程是否能够提升学生的就业能力和职业技能?(　　)

    A. 是　　　　　　B. 否　　　　　　C. 不清楚

19. 您认为学院的专业培养目标与企业岗位标准契合程度如何?(　　)

    A. 完全不契合　B. 比较不契合　C. 基本契合　　D. 比较契合

    E. 完全契合

20. 贵院系是否与合作企业共建订单式培养的产教融合班级?(　　)

    A. 是　　　　　　B. 否　　　　　　C. 不清楚

21. 贵院系与合作企业是否共同协定了专业教学标准?(　　)

    A. 是　　　　　　B. 否　　　　　　C. 不清楚

22. 贵院系的科技成果是否在企业方得以运用?(　　)

    A. 是　　　　　　B. 否　　　　　　C. 不清楚

23. 贵院系学生的培养方案制定、课程建设以何种方式制定?(　　)

    A. 学院单独制定

    B. 学院向企业征求意见后自行制定执行

C. 在学院建议下由企业制定

D. 为企业提供定向化人才培养方案

E. 学院与企业一同制定，由政府或行业协会监督执行

24. 据您所了解，学院与企业沟通渠道有哪些：（　　）［多选题］

A. 产教融合机构　　　　　B. 职业培训机构

C. 专业建设机构　　　　　D. 技术合作机构

E. 其他 _____　　　　F. 都没有

25. 您认为哪些沟通渠道是有效的：（　　）［多选题］

A. 产教融合机构　　　　　B. 职业培训机构

C. 专业建设机构　　　　　D. 技术合作机构

E. 其他 _____　　　　F. 都没有

26. 产教融合的开展对您所在学院的提升在哪些方面？（　　）［多选题］

A. 人才培养质量　　　　　B. 科研成果的转化

C. 学生的就业质量　　　　D. 社会培训能力

E. 教师实践教学能力　　　F. 实习实训设备的完善

G. 其他 _____

27. 您认为您所在学院在产教融合项目中出现了哪些问题？（　　）［多选题］

A. 教学内容与企业需求相脱节

B. 缺乏推动参与产教融合的激励措施

C. 学校专业与地方产业不相适应

D. 教学与实习脱节

E. 其他_____

28. 您认为您所在学院在产教融合项目中需要做出的改进有哪些？（　　）［多选题］

A. 优化学校课程设置

B. 改进与合作企业间的沟通交流机制

C. 出台推动教师参与产教融合的激励措施

D. 注入资金，完善实习实训设备

E. 多组织学生到企业参观实习、邀请企业专业人员来校讲学

F. 加强学生职业生涯规划教育

G. 开阔获取产教融合信息的途径

H. 为企业提供更多的员工培训与技术服务

29. 为了促进各主体协同育人，您认为产教融合项目中可以构建以下哪些平台？（　　）

A. 产教融合沟通协作平台

B. 产教融合资源共建共享平台

C. 产教融合实习实训平台

D. 产教融合广告发布平台

E. 产教融合信息服务平台

F. 产教融合科研成果转化平台

30. 您对目前政校企行（业）共同促进产教融合现状的评价是？

A. 非常满意，融合情况很好　　　B. 基本满意，发展顺利

C. 不太满意，推进缓慢　　　　　D. 不满意，效果达不到预期

31. 您对高职教育产教融合协同机制有什么建议和期待？

附录3　产教融合政策执行现状调查问卷（管理人员版）①

尊敬的领导们：您好！

首先对您在百忙之中抽空填写本次调查问卷表示最高的谢意！本研究旨在调查产教融合政策执行现状，发现产教融合政策执行中存在的问题，提出促进产教融合政策执行的建议对策。本次调查问卷采用匿名作答，您的填答结果将严格保密，并仅用于学术研究，请您放心作答。问卷中的问题没有正

---

① 产教融合政策执行现状调查问卷（管理人员卷）借鉴了吴雪枫（2022）、王方（2018）等学者的问卷设计，在此表示真诚的感谢。

误之分，请您按照自己的意愿填答即可。非常感谢您的支持与配合！

第一部分　基本信息：

1. 您所在院系或任教专业？［填空题］

请填空：_____

2. 您的学历？（　　）

　　A. 大专　　　　B. 本科　　　　C. 硕士研究生　D. 博士研究生

3. 您对产教融合政策有效执行的了解程度？（　　）

　　A. 完全不了解　B. 比较不了解　C. 基本了解　　D. 比较了解

　　E. 非常了解

第二部分　产教融合政策执行的基本情况：

1. 您认为目前贵校产教融合政策执行的效果怎么样？（　　）

　　A. 完全不理想　B. 比较不理想　C. 基本理想　　D. 比较理想

　　E. 十分理想

2. 您认为学校与企业建立合作联系的程度如何？（　　）

　　A. 联系密切，建立了稳定的合作关系

　　B. 联系较密切，但缺乏长效的合作机制

　　C. 联系一般，大多是学校利用各自的资源寻求合作

　　D. 联系不太密切，仅签订了合作协议

　　E. 完全不联系

3. 您是否参与过产教融合相关项目？（　　）

　　A. 是　　　　　B. 否

4. 您是否参与过学校组织的教师实践技能培训？（　　）

　　A. 是　　　　　B. 否

5. 学生参与顶岗实习的效果如何？（　　）

　　A. 完全不理想　B. 比较不理想　C. 基本理想　　D. 比较理想

　　E. 十分理想

6. 政府对贵校开展产教融合的支持主要表现在哪些方面？（　　）［多选题］

　　A. 组织调控　　B. 政策保障　　C. 资金补贴　　D. 宣传扶持

E. 其他

7. 贵校与企业开展了哪些方面的合作？（　　　）［多选题］

    A. 与企业共同开展人才培养方案的设计与实施

    B. 与企业签订订单培养协议，开展顶岗实习

    C. 设立企业冠名班，共建实训基地

    D. 聘请企业技术人员担任兼职教师

    E. 其他

8. 产教融合中，贵校为企业提供了哪些支持？（　　　）［多选题］

    A. 提供基础技术服务   B. 提供顶岗实习生

    C. 提供企业员工培训   D. 根据企业需求提供人才培养服务

    E. 其他

9. 贵校通过参与产教融合在哪些方面获得了提升？（　　　）［多选题］

    A. 提高了学校的人才培养质量   B. 提高了本职学生的就业质量

    C. 提高了学校的社会培训能力   D. 提高了教师实践教学能力

    E. 完善了学校的实训设备   F. 其他

10. 您觉得产教融合政策执行还受到哪些方面的阻碍？（　　　）［多选题］

    A. 相关政策和制度保障不完善，校企责权较模糊

    B. 资源的补给措施不到位

    C. 形式浅显单一，缺乏深度联动和积极合作

    D. 缺乏专门管理部门，政府引导作用较薄弱

    E. 校企价值认知偏差，未达成利益共识

    F. 未营造全面协调和保障的系统环境

    G. 其他

11. 您认为产教融合政策执行还应从哪些方面加以改进？（　　　）［多选题］

    A. 明确目标及其措施和评价标准

    B. 落实经费支持和政策优惠保障

    C. 激发企业积极性，建立校企长效合作机制

    D. 出台管理办法，成立协调管理部门，提高政府执行效能

    E. 寻求利益共同点，构建校企利益共赢机制

F. 加快优化外部系统环境，营造全面有利的保障系统

G. 其他

12. 贵校产教融合政策执行效果

    A. 理想   B. 比较理想   C. 一般   D. 不太理想

    E. 不理想

第三部分　影响产教融合政策有效执行的主要因素：

一、政策目标及标准

1. 我了解产教融合政策的总体目标(　　)

    A. 完全不符合 B. 比较不符合 C. 基本符合   D. 比较符合

    E. 完全符合

2. 我了解自身所在专业行业在产教融合政策文本中的发展目标(　　)

    A. 完全不符合 B. 比较不符合 C. 基本符合   D. 比较符合

    E. 完全符合

3. 我了解产教融合相关的政策解读(　　)

    A. 完全不符合 B. 比较不符合 C. 基本符合   D. 比较符合

    E. 完全符合

4. 我了解自身所处专业在产教融合政策中的评价指标(　　)

    A. 完全不符合 B. 比较不符合 C. 基本符合   D. 比较符合

    E. 完全符合

二、政策资源

1. 学校从产教融合政策中获得了许多政策资源支持(　　)

    A. 完全不符合 B. 比较不符合 C. 基本符合   D. 比较符合

    E. 完全符合

2. 学校制定落实产教融合政策执行工作的制度条例(　　)

    A. 完全不符合 B. 比较不符合 C. 基本符合   D. 比较符合

    E. 完全符合

3. 学校是否受到专项财政拨款的支持(　　)

    A. 完全不符合 B. 比较不符合 C. 基本符合   D. 比较符合

    E. 完全符合

4. 得到其他激励措施的支持(　　)

　　A. 完全不符合　B. 比较不符合　C. 基本符合　　D. 比较符合

　　E. 完全符合

三、政策执行方式

1. 开展产教融合工作中，自身所在专业与企业建立了稳定且长久的联系
(　　)

　　A. 完全不符合　B. 比较不符合　C. 基本符合　　D. 比较符合

　　E. 完全符合

2. 为培养技能型人才，企业为学校产教融合工作提供了全面的支持服务
(　　)

　　A. 完全不符合　B. 比较不符合　C. 基本符合　　D. 比较符合

　　E. 完全符合

3. 当学校开展产教融合工作遇到教育教学、人才培养、科研技术、实践
实训等问题时，企业会主动给予相应的持续的支持(　　)

　　A. 完全不符合　B. 比较不符合　C. 基本符合　　D. 比较符合

　　E. 完全符合

四、政策执行机构

1. 政府为贵校和企业的合作成立了专门的产教融合、产教融合服务机构
(　　)

　　A. 完全不符合　B. 比较不符合　C. 基本符合　　D. 比较符合

　　E. 完全符合

2. 在开展产教融合工作中，政府能够明确并履行职责(　　)

　　A. 完全不符合　B. 比较不符合　C. 基本符合　　D. 比较符合

　　E. 完全符合

3. 在产教融合中，政府能够展现出较高的热情和工作效率(　　)

　　A. 完全不符合　B. 比较不符合　C. 基本符合　　D. 比较符合

　　E. 完全符合

五、执行者价值取向

1. 通过产教融合工作提升了职业技术能力，学生是否获得了较大的职业
发展空间(　　)

A. 完全不符合　B. 比较不符合　C. 基本符合　　D. 比较符合

E. 完全符合

2. 学生是否主动接受了产教融合工作指导与培训(　　　)

A. 完全不符合　B. 比较不符合　C. 基本符合　　D. 比较符合

E. 完全符合

3. 产教融合工作与自身利益相同步，学生是否实现了个人价值(　　　)

A. 完全不符合　B. 比较不符合　C. 基本符合　　D. 比较符合

E. 完全符合

4. 产教融合政策执行具备了良好的社会舆论环境(　　　)

A. 完全不符合　B. 比较不符合　C. 基本符合　　D. 比较符合

E. 完全符合

5. 产教融合政策执行具备了健全的保障制度(　　　)

A. 完全不符合　B. 比较不符合　C. 基本符合　　D. 比较符合

E. 完全符合

6. 产教融合政策执行具备了健全的监督约束机制(　　　)

A. 完全不符合　B. 比较不符合　C. 基本符合　　D. 比较符合

E. 完全符合

7. 产教融合政策执行具备了充足的财政经费支持(　　　)

A. 完全不符合　B. 比较不符合　C. 基本符合　　D. 比较符合

E. 完全符合

附录4　产教融合问卷（学生版）①

亲爱的同学：你好！

本次调查是为了了解产教融合方面的现状，问卷匿名填写，对你所填写

---

① 产教融合调查问卷（学生版）借鉴了温振辉（2022）等学者的问卷设计，在此表示真诚的感谢。

的信息我们将给予严格保密。请你根据实际情况填写。谢谢你的支持！

（一）基本信息

1. 性别：男；女 _____

2. 年级：_____

大学本科一年级；大学本科二年级；大学本科三年级；大学本科四年级及以上

3. 你所在的学校：_____

（二）问题部分

1. 我觉得你的专业课程老师的教学态度如何？（　　）

    A. 非常差　　　B. 较差　　　　C. 一般　　　　D. 较好

    E. 非常好

2. 教师的教学设计是否合理？（　　）

    A. 非常不合理　B. 比较不合理　C. 基本合理　　D. 比较合理

    E. 非常合理

3. 我觉得你的专业课程老师的教学是否有趣（　　）

    A. 是　　　　　B. 否　　　　　C. 不清楚

4. 我的专业课老师授课时讲解透彻，知识全面（　　）

    A. 非常不符合　B. 比较不符合　C. 基本符合　　D. 比较符合

    E. 非常符合

5. 我的老师会对专业技能操作进行详细的教导（　　）

    A. 非常不符合　B. 比较不符合　C. 基本符合　　D. 比较符合

    E. 非常符合

6. 企业会经常来我所在的专业进行指导（　　）

    A. 非常不符合　B. 比较不符合　C. 基本符合　　D. 比较符合

    E. 非常符合

7. 我上课认真听讲（　　）

    A. 非常不符合　B. 比较不符合　C. 基本符合　　D. 比较符合

    E. 非常符合

8. 我能够在课堂很好地吸收知识（　　）

A. 非常不符合　B. 比较不符合　C. 基本符合　　D. 比较符合

E. 非常符合

9. 我能够通过课堂学习，完成实操(　　)

　　A. 非常不认同　B. 比较不认同　C. 基本认同　　D. 比较认同

　　E. 非常认同

10. 专业老师希望我们能够学以致用(　　)

　　A. 非常不认同　B. 比较不认同　C. 基本认同　　D. 比较认同

　　E. 非常认同

11. 相比之下有实训经验的学生更容易进入企业(　　)

　　A. 非常不认同　B. 比较不认同　C. 基本认同　　D. 比较认同

　　E. 非常认同

12. 我的父母希望我能掌握一门技能(　　)

　　A. 非常不认同　B. 比较不认同　C. 基本认同　　D. 比较认同

　　E. 非常认同

13. 我对我的实习单位或工作单位感到满意(　　)

　　A. 非常不认同　B. 比较不认同　C. 基本认同　　D. 比较认同

　　E. 非常认同

14. 我对于现在的工作环境比较满意(　　)

　　A. 非常不认同　B. 比较不认同　C. 基本认同　　D. 比较认同

　　E. 非常认同

15. 我满足于现在的工资报酬(　　)

　　A. 非常不认同　B. 比较不认同　C. 基本认同　　D. 比较认同

　　E. 非常认同

16. 我上专业老师的积极(　　)

　　A. 非常不认同　B. 比较不认同　C. 基本认同　　D. 比较认同

　　E. 非常认同

17. 我对现在的专业老师满意(　　)

　　A. 非常不认同　B. 比较不认同　C. 基本认同　　D. 比较认同

　　E. 非常认同

18. 我的学习得到了专业老师很多的帮助(　　)

    A. 非常不认同　B. 比较不认同　C. 基本认同　　D. 比较认同

    E. 非常认同

19. 我认为我的专业知识与技能学习的很好(　　)

    A. 非常不认同　B. 比较不认同　C. 基本认同　　D. 比较认同

    E. 非常认同

20. 我在学校学到了很多专业知识(　　)

    A. 非常不认同　B. 比较不认同　C. 基本认同　　D. 比较认同

    E. 非常认同

21. 您对您学校图书馆的感官如何(　　)

    A. 非常不满意　B. 比较不满意　C. 基本满意　　D. 比较满意

    E. 非常满意

22. 您对学校目前教学硬件设施配备情况（实训场地等）的满意程度是

(　　)

    A. 非常不满意　B. 比较不满意　C. 基本满意　　D. 比较满意

    E. 非常满意

23. 您认为您学校的理论课与实践课的安排如何(　　)

    A. 理论课程偏多，实践课程偏少 B. 理论课程偏少，实践课程偏多

    C. 课程设置较为合理　　　　　 D. 其他意见

24. 您认为学校教师的执教能力如何？(　　) ［多选题］

    A. 教师具有较高的专业理论素养，但缺乏实践经验

    B. 教师实践经验丰富，理论知识欠缺

    C. 每个专业都有"双师型"教师

    D. 教师的专业理论素养和实践经验都缺乏

25. 您对目前课业学习情况的自我评价是(　　)

    A. 非常不满意　B. 比较不满意　C. 基本满意　　D. 比较满意

    E. 非常满意

26. 您现在的课程压力如何(　　)

    A. 负担不重　　　　　　　　 B. 有一些负担

C. 负担压力较大　　　　　　　D. 负担压力很大

E. 负担压力非常大

27. 据您了解，您学校目前有多少位教师有过企业任职经历（　　　）

A. 5 名教师以下　　　　　　　B. 6~10 名教师

C. 11~15 名教师　　　　　　　D. 15 名教师以上

28. 您参加过多少专业技能竞赛（　　　）

A. 1~3 次　　　B. 4~6 次　　　C. 7~10 次　　　D. 10 次以上

E. 没有参加过

29. 您参加过顶岗实习经历的次数是（　　　）

A. 1 次

B. 2~3 次

C. 3 次以上一次还没有，但后期教学安排上有

D. 一次还没有，也没听说有安排

30. 您前往社会企业参加实习活动的时长（以最长时间计算）是（　　　）

A. 1 个月以内　　B. 2 个月　　　C. 3 个月　　　D. 3 个月以上

31. 您对您所参加的实习活动与学校所学专业对口情况的观点是（　　　）

A. 非常不对口　　B. 比较不对口　　C. 基本对口　　D. 比较对口

E. 非常对口

32. 有多少家企业与您现在的学校有人才培养关系的合作（　　　）

A. 5 家企业以内　　　　　　　B. 6~10 家企业

C. 10~15 家企业　　　　　　　D. 15 家企业以上

E. 没了解过

33. 您认为社会企业实习对自己综合能力素质提升的程度是（　　　）

A. 非常巨大　　B. 比较大　　　C. 一般　　　D. 比较小

E. 非常小

34. 最后，请您针对学校目前在产教融合人才培养方面存在的不足提出宝贵意见。

附录5　产教融合问卷（政府版)

尊敬的受访者们：您好!

　　首先对您在百忙之中抽空填写本次调查问卷表示最高的谢意! 本研究旨在调查产教融合政策执行现状，发现产教融合政策执行中存在的问题，提出促进产教融合政策执行的建议对策。本次调查问卷采用匿名作答，您的填答结果将严格保密，并仅用于学术研究，请您放心作答。问卷中的问题没有正误之分，请您按照自己的意愿填答即可。非常感谢您的支持与配合!

　　（一）基本信息

1. 您的性别(　　)：男；女

2. 您受教育的程度？（　　)

　　A. 高中　　　　B. 专科　　　　C. 本科　　　　D. 硕士

　　E. 博士

3. 您的年龄是？（　　)

　　A. 30 岁以下　　B. 30~39 岁　　C. 40~49 岁　　D. 50~55 岁

4. 您所在的机关单位 (请填写单位全称)

　　_____

5. 您在机关单位的岗位是？

　　_____

6. 您在政府机关单位主要负责的内容是？

　　_____

　　（二）问题部分

1. 您对产教融合政策的了解程度是怎样的？（　　)

　　A. 完全不了解　B. 不太了解　　C. 基本了解　　D. 比较了解

　　E. 非常了解

2. 您对与工作相关的培训了解吗？（　　)

　　A. 完全不了解　B. 不太了解　　C. 基本了解　　D. 比较了解

E. 非常了解

3. 您对政府部门统筹协调产教融合制度的建立有了解吗?（　　）

　　A. 完全不了解　　B. 不太了解　　　C. 基本了解　　　D. 比较了解

　　E. 非常了解

4. 就您个人而言，您认为参加职业培训的效果理想吗?（　　）

　　A. 完全不理想　　B. 不太理想　　　C. 基本理想　　　D. 比较理想

　　E. 非常理想

5. 您认为您部门参与培训的积极性如何?（　　）

　　A. 完全不积极　　B. 不太积极　　　C. 一般　　　　　D. 比较积极

　　E. 非常积极

6. 您对部门工作培训保持什么态度?（　　）

　　A. 完全不支持　　B. 不太支持　　　C. 基本支持　　　D. 比较支持

　　E. 非常支持

7. 您对您部门所采用的职业培训指导制度满意吗?（　　）

　　A. 完全不满意　　B. 比较不满意　　C. 基本满意　　　D. 比较满意

　　E. 非常满意

8. 您部门对产教融合重视吗?（　　）

　　A. 完全不重视　　B. 比较不重视　　C. 基本重视　　　D. 比较重视

　　E. 非常重视

9. 您认为影响产教融合的主要原因是?（　　）（可多选）

　　A. 高校技术不成熟

　　B. 高校及技术人员积极性不高

　　C. 企业在合作中害怕承担风险

　　D. 缺乏信用保障体系

　　E. 政府对产教融合专项资金投入力度不够

　　F. 缺乏金融机构的支持

　　G. 其他

10. 您认为政府机关在产教融合中承担的责任有哪些?（　　）（可多选）

A. 提供资金　　B. 宏观调控　　C. 主动沟通　　D. 设计机制

E. 政策引导

11. 您认为当前产教融合的效果达不到预期水平的原因有哪些?(　　)
(可多选)

A. 中介机构的桥梁作用未达预期

B. 校企双方相互信任的文化氛围未构建

C. 学校课程内容跟不上企业的发展的速度

D. 企业未提供足够的资源保证学校的科研立项创新

F. 其他

12. 您认为政府在产教融合方面所做的工作中，需要改进的工作是?
(　　)(可多选)

A. 平台建设　　B. 政策扶持　　C. 资金投入　　D. 人才引进

E. 其他

13. 您认为什么原因使产教融合创新关系能保持长期稳定?(　　)(可
多选)

A. 长期的政策支持　　　　　B. 长期的相互需求

C. 长期的人才合作　　　　　D. 长期的利益驱动

E. 长期的技术合作　　　　　F. 其他

14. 您认为政府对于企业参与产教融合给予的补贴和政策倾斜的力度足够
吗?(　　)

A. 完全不足够　B. 基本足够　　C. 一般　　　　D. 比较足够

E. 非常足够

15. 政府对于在产教融合中有重大知识贡献的个人设立专门奖项奖励程度
够吗?(　　)

A. 完全不足够　B. 基本足够　　C. 一般　　　　D. 比较足够

E. 非常足够

16. 政府对于在产教融合中财政拨款程度够吗?(　　)

A. 完全不足够　B. 基本足够　　C. 一般　　　　D. 比较足够

E. 非常足够

17. 您对于政府针对产教融合重大项目所需的重大设备实施的政府采购制度满意吗？（　　　）

  A. 完全不满意　B. 基本满意　　C. 一般　　　　D. 比较满意

  E. 非常满意

18. 您认为政府部门需要出台专门的产学研合作法律吗？（　　　）

  A. 完全不需要　B. 基本需要　　C. 一般　　　　D. 比较需要

  E. 非常需要

19. 您认为政府对产教融合项目的指导和监督力度到位吗？（　　　）

  A. 完全不到位　B. 基本到位　　C. 一般　　　　D. 比较到位

  E. 非常到位

20. 您认为产教融合的结果可以根据哪些指标衡量？（　　　）（可多选）

  A. 人才培养质量　　　　　　　B. 科研成果转化

  C. 学生就业质量　　　　　　　D. 教师实践教学能力

  E. 实习实训设备的完善　　　　F. 其他

21. 如果有跟踪调查的需要，与产教融合相关的调查问卷未来还需要您参与的，您还愿意参与吗？（　　　）

  A. 完全不愿意　B. 基本愿意　　C. 一般　　　　D. 比较愿意

  E. 非常愿意

参 考 文 献

[1] Klingstrom A. Cooperation Between Higher Education and Industry [M]. Uppsala University Press, 1986.

[2] Leydesdorff L, Etzkowitz H. Emergence of a Triple Helix of University—industry—government Relations [J]. Science and Public Policy, 1996, 23 (5): 279-286.

[3] Whittle J, Hutchinson J. Mismatches between Industry Practice and Teaching of Model-driven Software Development [C] //Models in Software Engineering: Workshops and Symposia at MODELS 2011, Wellington, New Zealand, October 16-21, 2011, Reports and Revised Selected Papers 14. Springer Berlin Heidelberg, 2012: 40-47.

[4] Seddon T, Billett S. Building Community through Social Partnerships around Vocational Education and Training [J]. Education and Training, 2004, 56 (1): 51-68.

[5] Hue Kyung L, Hyun Duk Y, Si Jeoung K, et al. Factors Affecting University-industry Cooperation Performance: Study of The Mediating Effects of Government and Enterprise Support [J]. Journal of Science and Technology Policy Management, 2016, 7 (2): 233-254.

[6] Akomaning E, Voogt J M, Pieters J M. Internship in Vocational Education and Training: Stakeholders' Perceptions of Its Organization [J]. Journal of Vocational Education & Training, 2011, 63 (4): 575-592.

[7] Yager J, Silverman J J, Rapaport M H. Adapting to Decreased Industry Support of CME: Lifelong Education in an "Industry-lite" World [J].

Academic Psychiatry, 2011, 35（2）: 101-105.

［8］ Davi R. Cole. Educational Life-Forms ［M］. Sense Publishers, 2011, 109-121.

［9］ Laine K, Leino M, Pulkkinen P. Open Innovation between Higher Education and Industry ［J］. Journal of The Knowledge Economy, 2015, 6: 589-610.

［10］ Seppo M, Rõigas K, Varblane U. Governmental Support Measures for University-industry Cooperation-comparative View in Europe ［J］. Journal of The Knowledge Economy, 2014, 5: 388-408.

［11］ Knudsen H. Higher Education in a Sustainable Society（p. 14）［J］. 2015.

［12］ Plewa C, Quester P. Key Drivers of University-industry Relationships: The Role of Organizational Compatibility and Personal Experience ［J］. Journal of Services Marketing, 2007, 21（5）: 370-382.

［13］ 贺星岳. 基于现代职教体系的产教融合、校企一体化研究与实践——以浙江工贸职业技术学院为例 ［J］. 职业技术教育, 2015, 36（21）: 61-64.

［14］ 陈裕先, 谢禾生, 宋乃庆. 走产教融合之路培养应用型人才 ［J］. 中国高等教育, 2015（Z2）: 41-43.

［15］ 李欣怡. 地方本科高校转型发展中的产教融合机制研究 ［D］. 广西师范大学, 2019.

［16］ 潘黎. 生态位视阈下地方高校向应用型转变的评价指标体系构建 ［J］. 中国高等教育, 2020（Z1）: 69-70.

［17］ 林江鹏, 郭林. "双循环" 背景下深化我国产教融合的路径选择 ［J］. 科技创业月刊, 2023, 36（1）: 171-174.

［18］ 周箭, 林娟. "产教融合订单式" 人才培养模式探索 ［J］. 职业技术, 2016, 15（8）: 13-15.

［19］ 李静, 吴桂霞, 蒋萍, 白生宾. 导学思政视域下医学研究生 "导+学" 三维融合育人模式探索与实践 ［J］. 医学教育管理, 2023, 9（3）: 344-348.

［20］ 庄西真. 高质量职业教育是制造业转型升级的关键 ［J］. 职教论坛,

2018（2）：1.

［21］朱宇亮．深化职业教育校企合作的探索［J］．职业教育（下旬刊），
2021，20（11）：92-96.

［22］肖纲领，李威，林荣日．地方本科院校产教融合制度建设困境的审视与
纾解——组织社会学新制度主义的视角［J］．高教探索，2023（3）：
12-18，70.

［23］陈星．应用型高校产教融合动力研究［D］．西南大学博士论文，2017.

［24］刘大卫，周辉．产教融合：应用型高校双创教育的机制与路径［J］．煤
炭高等教育，2022，40（5）：16-20.

［25］尹秋玲，杨华．职教院校产教融合实践模式的比较分析——以2020年
桂、浙、湘三地调研为例［J］．中国高校科技，2022（4）：79-83.

［26］沈绮云，欧阳河，欧阳育良．产教融合目标达成度评价指标体系构
建——基于德尔菲法和层次分析法的研究［J］．高教探索，2021（12）：
104-109.

［27］张璋，周新旺，曾播思．基于共生理论的地方高校产教融合成熟度评价
［J］．高等工程教育研究，2023（4）：122-128.

［28］严建华，包刚，王家平，韦巍，薄拯．浙江大学高水平产教融合培养卓
越工程师的实践与探索［J］．学位与研究生教育，2022（7）：13-18.

［29］汪劲松，张炜．面向国家重大需求的高层次专业人才产教融合培养探索
与实践［J］．学位与研究生教育，2022（8）：1-5.

［30］孙健，臧志军．产教融合型企业师傅队伍建设研究［J］．中国职业技术
教育，2023（30）：52-57.

［31］姚山季，经姗姗，陆伟东．科产教融合视角下的创新创业教育改革：举
措、成效与保障［J］．中国大学教学，2023（10）：82-89.

［32］童卫丰，张璐，施俊庆．利益与合力：基于利益相关者理论的产教融合
及其实施路径［J］．教育发展研究，2022，42（17）：67-73.

［33］和震，李玉珠，魏明．职业教育产教融合制度创新［M］．北京：科学
出版社，2018.

［34］莫尔．乌托邦［M］．南京：南京大学出版社，2003：134.

［35］马克思，恩格斯．马克思恩格斯文集（第1卷）［M］．北京：人民出版社，2009：112.

［36］马克思．译者：姜晶花，张梅．资本论［M］．北京：北京出版社，2007：10.

［37］马克思．译者：中共中央著作编译局．哥达纲领批判［M］．北京：人民出版社，2018：41.

［38］新华社．习近平出席全国教育大会并发表重要讲话［EB/OL］．https：//www. gov. cn/xinwen/2018-09/10/content_5320835. htm.

［39］新华社．庆祝改革开放40周年大会在京隆重举行习近平发表重要讲话［EB/OL］．https：//www. gov. cn/xinwen/2018-12/18/content _ 5350069. htm.

［40］［美］R. 爱德华·弗里曼．战略管理：利益相关者方法［M］．王彦华，梁豪译．上海：上海译文出版社，2006.

［41］白逸仙，王华，王珺．我国产教融合改革的现状、问题与对策——基于103个典型案例的分析［J］．中国高教研究，2022（9）.

［42］Smith A. The Wealth of Nations［1776］［M］. Random House Publishing Group，2000.

［43］Fisher I. The Nature of Capital and Income［M］. Macmillan，1906.

［44］Becker G S. Front Matter, Preface［M］. Human Capital：A Theoretical and Empirical Analysis with Special Reference to Education, First Edition. NBER，1964.

［45］Schultz T W. Investment in Human Capital［J］. The American Economic Review，1961，51（1）：1-17.

［46］Becker G S. Human Capital：A Theoretical and Empirical Analysis, with Special Reference to Education［M］. University of Chicago Press，2009.

［47］Haken H. Synergetics［J］. Physics Bulletin，1977，28（9）：412.

［48］中广教育．在庆祝清华建校100周年大会上的讲话．［EB/OL］. http：//edu. cnr. cn/gcsy/201104/t20110425_507928982_1. html.

［49］赵慧勤，陈晓慧．产教融合理念下应用型本科院校多元协同育人模式研

究——以山西大同大学数字媒体技术专业为例［J］. 教育理论与实践，2018，38（36）：6-8.

［50］吴小林. 构建新时代产教融合平台推动教育科技人才全面贯通［J］. 中国高等教育，2022（24）：22-23.

［51］周劲松，温宇. 区域职业教育产教结合的政策需求与机制创新［J］. 职业技术教育，2010，10：45-48.

［52］陈星. 应用型高校产教融合动力研究［D］. 西南大学博士论文，2017年.

［53］宋亚峰，潘海生. 深化产教融合校企合作推进职业教育高质量发展研讨会会议综述［J］. 中国职业技术教育，2021（34）：92-96.

［54］孔宝根. 企业科技指导员制度：深化职业教育产教融合的新路径［J］. 教育发展研究，2015，35（3）：59-64.

［55］张晶欣. 应用型大学产教融合的创新驱动政策研究［D］. 武汉理工大学，2021.

［56］秦斌. 产教深度融合是现代职业教育发展的重要方向［N］. 广西日报，2014-08-05（11）.

［57］高飞，姚志刚. 产教融合的动力与互动机制研究［J］. 淮南职业技术学院学报，2014，06：41-45.

［58］刘春生，柴彦辉. 德国与日本企业参与职业教育态度的变迁及对我国产教结合的启示［J］. 比较教育研究，2005，07：73-78.

［59］姚奇富. 新职教法背景下深化产教融合制度的路径［J］. 教育发展研究，2022，42（17）：3.

［60］王向红. 立地式研发：高职院校产教深度融合的新途径［J］. 中国高教研究，2018（12）：98-101.

［61］林江鹏，张倩. "产教融合、校企合作"协同创新人才培养模式运行机制研究［J］. 湖北经济学院学报（人文社会科学版），2018，15（9）：142-144，147.

［62］金向红. 地方应用型高校产教融合型师资队伍培养机制研究［J］. 江苏大学学报（社会科学版），2021，23（1）：118-124.

［63］ Serrano V, Fischer T. Collaborative Innovation in Ubiquitous Systems ［J］. Journal of Intelligent Manufacturing, 2007, 18: 599-615.

［64］ Knudsen H. Higher Education in a Sustainable Society (p. 14) ［J］. 2015.

［65］ 崔志新, 陈耀. 区域技术创新协同的影响因素研究——基于京津冀和长三角区域面板数据的实证分析 ［J］. 经济与管理, 2019, 33 (3): 1-8.

［66］ Etzkowitz H, Leydesdorff L. Introduction to Special Issue on Science Policy Dimensions of The Triple Helix of University-industry-government Relations ［J］. Science and Public Policy, 1997, 24 (1): 2-5.

［67］ 蒋兴华, 范心雨, 汪玲芳. 伙伴关系、协同意愿对协同创新绩效的影响研究——基于政府支持的调节作用 ［J］. 中国科技论坛, 2021 (2): 9-16.

［68］ HellstrÖm T, Jacob M. Evaluating and Managing The Performance of University-industry Partnerships: from Central Rule to Dynamic Research Networks ［J］. Evaluation, 1999, 5 (3): 330-339.

［69］ Fenton M, Barry A. The Efficacy of Entrepreneurship Education: Perspectives of Irish Graduate Entrepreneurs ［J］. Industry and Higher Education, 2011, 25 (6): 451-460.

［70］ 贺星岳. 现代高职的产教融合范式 ［M］. 杭州: 浙江大学出版社, 2015: 78-79.

［71］ 张建云. 职业教育产教融合园: 内涵、动力及功能 ［J］. 中国高教研究, 2020 (11): 104-108.

［72］ Kauppila O, Mursula A, Harkonen J, et al. Evaluating University-industry Collaboration: The European Foundation of Quality Management Excellence Model-based Evaluation of University-industry Collaboration ［J］. Tertiary Education and Management, 2015, 21: 229-244.

［73］ Rossi F, Rosli A. Indicators of University-industry Knowledge Transfer Performance and Their Implications for Universities: Evidence from The UK's HE-BCI Survey ［J］. 2013.

［74］ 罗筑华, 刘永. 应用型本科高校产教融合评价体系研究 ［J］. 黑龙江教

育（高教研究与评估），2020（4）：59-60，67.

［75］唐显超. 高职院校产教融合质量评价指标构建研究［D］. 湖北工业大学，2022.

［76］沈绮云，欧阳河，欧阳育良. 产教融合目标达成度评价指标体系构建——基于德尔菲法和层次分析法的研究［J］. 高教探索，2021（12）：104-109.

［77］王名扬，秦惠民. 利益相关者诉求：高等教育质量内涵的情境化认知——基于对威斯康星大学麦迪逊分校的调查［J］. 高等教育研究，2020，41（4）：92-102.

［78］贺永平，周鸿. 公办大学董事会治理制度建构研究［J］. 高等教育研究，2017，38（8）：105.

［79］杨蕾，王诗宇，赵雪莹，景金芝. 美国创新创业型人才培养：趋势、亮点、典型模式及经验借鉴［J］. 河北农业大学学报（农林教育版），2017，19（1）：5-9.

［80］赵晏鹤. 美国创新创业教育校企合作模式述评［J］. 职教通讯，2017（22）：46-49.

［81］王斌. 美国校企合作模式研究综述［J］. 东方企业文化，2012（12）：181.

［82］苏雁，许学建. 职教"校企双元制"如何实现本土化——江苏省苏州健雄职业技术学院的实践探索［J］. 职业技术，2015（3）：20-21. 6.

［83］郭志燊，韩凤芹. 日本职业教育的发展及启示［J］. 经济研究参考，2016（61）：27-36. 3.

［84］鲁燕，于素秋. 日本职业教育的"企业模式"与我"非大学教育"的对比研究［J］. 人口学刊，2008（6）：43-48.

［85］孔令建. 日本校企合作中人才培育模式研究综述［J］. 无锡职业技术学院学报，2017，16（3）：4-6，11.

［86］田雅志. 日本校企合作办学经验对国内校企合作办学机制的启示［J］. 中国培训，2016（12）：284-285.

［87］崔岩. 德国"双元制"职业教育发展趋势研究［J］. 中国职业技术教

育，2014（27）：71-74.

[88] 蔡晓菲，谢永力．德国"双元制"职业教育模式考察［J］．盐城师范学院学报（人文社会科学版），2017，37（2）：105-108.

[89] 陈德泉．德国双元制职业教育的重新审视［J］．中国高教研究，2016（2）：92-96.

[90] 陈莹．德国双元制高等教育体系研究［J］．外国教育研究，2015，42（6）：119-128.

[91] 赵学瑶，卢双盈．德国"双元制"培养模式在我国职业教育中应用的再思考［J］．职业技术教育，2015，36（10）：18-23.

[92] 杨红荃，崔琳．法制视域下德美日三国职业教育校企合作模式探析［J］．教育与职业，2016（6）：20-24.

[93] 李松，马瑛，陈前利．高等院校校企"共赢"合作模式分析——基于中国和美国比较［J］．科教导刊（上旬刊），2014（1）：3-4+10.

[94] 王宝智．推动长三角地区职教一体化发展［J］．中国高等教育，2022（22）：59-61.

[95] 植林，刘思莞．基于高校新型研发机构的粤港澳大湾区产教融合路径研究［J］．科技管理研究，2023，43（5）：74-80.

[96] 姚宇华．粤港澳大湾区新型大学的战略需求与实践路径［J］．现代教育管理，2023（5）：33-42.

[97] 周金凯．京津冀高职院校深化产教融合的合作机理与推进措施［J］．职业教育研究，2023（4）：29-34.

[98] 夏磊，张力．京津冀协同发展产教融合的职业教育探索［J］．中国职业技术教育，2018（9）：17-21.

[99] 盛涛，赵锦钰，张锐，周卫斌．京津冀高等教育产教融合协调机制构建［J］．中国轻工教育，2023，26（3）：12-19.

[100] 张璋，赵制斌，何江川．区域发展背景下的地方高校产教城融合发展路径研究——基于"三螺旋"模型［J］．中国软科学，2022（S1）：159-166.

[101] 姜红，李师萌，盖金龙．基于政策工具视角的中国产教融合政策适配

性研究——77 份国家层面政策文件的量化分析 [J]. 吉林大学社会科学学报，2023，63（1）：83-99，236-237.

[102] 朱赛荣. 高职院校产教融合的 SWOT 分析 [J]. 当代职业教育，2018（6）：40-45.

[103] 方益权，闫静. 关于完善我国产教融合制度建设的思考 [J]. 高等工程教育研究，2021（5）：113-120.

[104] 王文顺，尚可，高姝蕾，付钰婷，芈凌云. 企业参与校企合作的动因与障碍分析——基于扎根理论的质性研究 [J]. 高教探索，2020（5）：14-22.

[105] 林刚，李响. 高校创业型人才培养模式要素解析与转型路向——基于地方综合性大学的分析视角 [J]. 江苏高教，2018（6）：71-74.

[106] 郭玉鹏，吕中元，孙俊奇，徐家宁，宋志光. 三范式、四融合：化学类本科专业人才培养模式构建 [J]. 化学教育（中英文），2022，43（14）：8-12.

[107] 廖伟. 基于现代学徒制人才培养模式运行机制探索——评《现代学徒制实施与评估》[J]. 中国高校科技，2022（9）：98.

[108] 董启锦，王明东，周莉. 高职院校国际化 T 型人才培养模式初探 [J]. 教育与职业，2022（18）：109-112.

[109] 肖荣辉. 政校企协同视域下应用型高校产教融合路径重构 [J]. 黑龙江高教研究，2023，41（5）：143-148.

[110] 柳友荣，项桂娥，王剑程. 应用型本科院校产教融合模式及其影响因素研究 [J]. 中国高教研究，2015（5）：64-68.

[111] 熊德平. 农村金融与农村经济协调发展研究. [M]. 北京：社会科学文献出版社，2009.

[112] 谢笑珍. "产教融合"机理及其机制设计路径研究 [J]. 高等工程教育研究，2019（5）：81-87.

[113] 和震，李玉珠，魏明. 职业教育产教融合制度创新 [M]. 北京：科学出版社，2018.

[114] 胡勇军，栾志慧，杨波，赵红. "教学做"一体化教学模式在职业教

育中的应用研究 [J]. 吉林省教育学院学报，2023，39（3）：51-55.

[115] 毛伟霞. 应用型本科师范院校顶岗实习质量保障体系探究 [J]. 教育与职业，2020（4）：80-85.

[116] 隋秀梅，高芳，唐敏. "双高" 背景下高职院校 "双师型" 教师教学创新团队建设研究 [J]. 中国职业技术教育，2020（5）：93-96.

[117] 王胜军. 创业型大学：应用型本科高校转型之路（2020）[M]. 郑州：郑州大学出版社，2020.

[118] 覃庆华. 校企合作教育对创新型人才创造力的影响研究 [M]. 北京. 经济管理出版社，2019.1.

[119] 杜玉波. 努力开创高等教育对外交流合作新格局 [J]. 中国高等教育，2022（11）：25-26.

[120] 古翠凤，刘雅婷. 行业协会参与校企深度合作育人模式建构 [J]. 中国高校科技，2020（10）：73-76.

[121] 郭建如，刘彦林. 地方本科院校组织转型对校企合作影响的实证分析 [J]. 江苏高教，2020（11）：26-34.

[122] 谢笑珍. "产教融合" 的平衡点在哪里 [N]. 光明日报，2019-01-23（015）.

[123] 沈洁，徐守坤，谢雯. 我国高等教育产教融合政策的逻辑理路、实施困境与路径突破 [J]. 高教探索，2021（7）：11-18.

[124] 黄文伟. 职业教育校企合作主体利益冲突与调试——政策设计的视角 [M]. 广州：广东高等教育出版社，2016.

[125] 孙翠香. 新时代的新使命："产教融合" 政策分析 [J]. 教育与职业，2018（18）：11-17.

[126] 刘媛媛. 高校转型背景下产教融合支持系统建立研究 [D]. 沈阳师范大学，2016.

[127] 刘波，欧阳恩剑.《职业教育法》修订背景下产教融合法律调整的路径分析 [J]. 职业技术教育，2021，42（27）：20-26.

[128] 林江鹏，肖万玉. 产教融合金融支持的现实困境、路径选择和政策协同 [J]. 中国经济报告，2022（6）：61-68.

[129] 王文亮，肖美丹．校企合作创新网络运行机制研究［M］．北京：科学出版社．2014.

[130] 赵增绩，车红华．产教融合背景下支持技能型人才培养的财政政策研究［J］．公共财政研究，2020（6）：69-75.

[131] 杨克瑞．产教融合：问题、政策与战略路径［J］．黑龙江高教研究，2018，36（5）：35-37.

[132] 张子法，王雨洁，李拓宇，朱凌．新时代产教融合人才培养政策回顾与展望——基于政策工具的文本分析［J］．浙江大学学报（人文社会科学版），2022，52（12）：104-114.

[133] 林江鹏，郭林．"双循环"背景下深化我国产教融合的路径选择［J］．科技创业月刊，2023，36（1）：171-174.

[134] 许传华，郭金录．地方本科高校订单式人才培养特色范式的宏观思考——以湖北经济学院共建"农银长江学院"为例［J］．金融理论与教学，2014（6）：8-14.

[135] 刘江栋．构建应用型本科人才培养模式——地方本科高校转型发展之路［M］．天津：南开大学出版社，2016.

[136] 熊劼．校企合作背景下应用型金融人才培养模式探究——以湖北农银长江学院为例［J］．金融经济，2017（6）：153-154.

[137] 新华社．习近平：在知识分子、劳动模范、青年代表座谈会上的讲话［EB/OL］．http：//www.scio.gov.cn/31773/31774/31783/Document/1476158/1476158.htm.

后　记

　　永远不会忘记那个阳光灿烂的上午，石涛博士的来电。他告诉我，我获批了全国教育科学规划教育部重点课题。确实，这让我异常兴奋。我曾申报成功国家社科基金、教育部人文社科等课题，但由于种种原因，当时我还不能申报国家社科基金，选择全国教育科学规划课题，这也算是夹缝中求生存的无奈之举，正像石涛博士所说的那样，"东边不亮，西边亮"。

　　从前期准备，到研究的实施，乃至专著的出版，每一环节无一不凝结着众多人的关心，在此表示真诚的谢意。

　　一是我真的得感谢全国教育科学规划办的领导和评审专家。项目入选，结题验收，乃至专著出版，无不凝结着他们的关爱与支持。

　　二是我得感谢我所带的"林家班"研究生们。华良晨、张倩、朱诗雨等和我合写了有关产教融合的论文，为课题申报打下了坚实的基础。课题申报时期，我的研究生陈思琪、吴秀秀两人通宵达旦搜集资料、撰写文献综述，为有一份精美的申报书，她们尽了最大努力。课题实施过程中，肖万玉、欧文、郭林、涂力娟、黄雯颖、卢轶骁、王亚男、李同立、张迎雪等研究生在调研、数据整理、图表制作、文稿校对等诸多方面，各司其职，通力协作，充分体现了团队不怕吃苦、敢打硬仗的精神。

　　三是我得感谢我所在的单位领导和同事们。湖北经济学院校长方洁教授、副校长付宏教授、党委常委许传华教授、科研处处长刘国武教授、人事处处长李颖处长（曾任校产教融合办公室主任）、教务处处长戴化勇教授、金融学院姜璐书记、金融学院院长潘敏教授、教务处李正旺副处长、金融学院副院长李毅教授等领导多次指导调研及报告的撰写。金融学院同事王国红教授、张远为副教授、胡珊等各位同事，也提供了诸多良好的建议。

　　四是我得感谢生我养我的父母亲。至今我依然清晰记得父亲在 70 岁高龄陪伴我远在山城重庆攻读博士学位时候的谆谆教诲，他叮嘱我论文有时效性，要及时写作、发表。我还记得当我考上硕士研究生，准备离开老家之际，母亲的重托。时过境迁，父母远离我而去，长眠于老家随州市华宝山山脚下的鲜花丛中。但无论我远在哪里，依然还能感觉到他们近在咫尺。父母亲的高尚品质是我人生之路不竭动力的源泉。

　　五是我要感谢我一母同胞的五兄弟及嫂子弟媳。我的学业及事业每前进一步，都离不开这个大家庭的关爱。永远不会忘记，重庆求学期间，口袋只剩下一个钢镚，叮当作响。大哥林斌鹏从湖北随州寄来的一大笔人民币，缓解了燃眉之急。生在长在这个大家庭，实乃人生之大幸。

　　六是我要感谢我的温馨小家庭。妻子黄俊分担了大量琐碎的家务，使得我有充裕的时间科研。女儿林琳子用她特有的方式，支持我。在她临睡前，为我端来热水，要我早点休息。女儿一天一天长大了，懂事了，我由衷感到高兴。真的希望她身心健康，快乐学习，前程美好。

　　特别感谢，致公党湖北省副主委宋清龙教授。宋教授是我昔日的恩师，至今依然关心、爱护着我，多次指导课题领导参阅报告的撰写，这显示出宋老师对学生的真爱。

　　最后，感谢武汉大学出版社领导和编辑们的关心与支持。他们多次就专著的形式与内容，给予指导。

　　该项目在研究团队的齐心协力下，落下帷幕，成果终以专著出版，期盼着其能在人类文明的历史长河中留下美丽的浪花。

　　既然选择了全国教育科学规划之路，那么我会继续下去的。敢问路在何方？路就在脚下。